Dieses Buch ist sowohl an Fachleute aus dem Bildungsbereich als auch an andere bildungsaffine Menschen gerichtet. Es soll ein Fachbuch sein, aber keine wissenschaftliche Arbeit. Die Lektüre soll neue Ideen liefern und zum Hinterfragen eigener Glaubenssätze und Heuristiken anregen. Es soll nicht abschliessenden Charakter haben, es soll vielmehr ein Prozessbuch sein.

Es geht darin um Grundlagen des Förderns, um die beiden Generalplayer (Lernende–Lehrende) und eine kritische Betrachtung des Systems Schule in Bezug auf das Fördern.

Eichhorn, Thomi
Fördern – Wie Fördern gelingen kann

Originalausgabe – 1. Auflage – Horgen 2018
www.sistabooks.ch (Sistabooks – Campus)

ISBN: 978-3-907860-21-2

Lektorat und Korrektorat:
Michèle Combaz Thyssen und Carole Enz

Fotos: Ama Béghin, Fotografin, www.amabeghin.eu
Foto S. 10: Dominik Lehner, Rektor Schule Neuheim

Gestaltung: Deborah Ischer und Theo Klingele
www.creadrom.ch

Herstellung:
BoD – Books on Demand GmbH, Norderstedt

Thomi Eichhorn

Fördern

Wie Fördern gelingen kann

Vorwort

Das soziale Wesen Mensch kommt nicht umhin, seinen Mitmenschen gegenüber immer wieder helfend, betreuend, assistierend oder kooperierend zu begegnen. Besteht ein Ziel, worauf wir mit anderen hinsteuern, oder äussern sich Bedürfnisse in unserem Umfeld, werden wir oft fördernd tätig.

Fördern ist ein soziales Ereignis, das wir in fast allen Lebensbereichen finden. Hier in meiner Arbeit soll vor allem das Fördern in einem schulischen und erzieherischen, aber durchaus auch in einem weiter gefassten Sinn betrachtet werden, um Eindrücke davon zu erhalten, was Fördern als soziale Aktion ausmacht, was es dafür braucht und wann es nachhaltig wird.

Vorerst soll der Blick nicht nur auf die didaktischen Aspekte fallen: Es gilt, begrifflich etwas Klarheit zu schaffen, dann verschiedene Bilder von Bildung zu betrachten, im Weiteren den Gelingensgrundlagen nachzuspüren und schliesslich und hauptsächlich die Belange von Fördernden und Geförderten sowie Fragen zum System Schule zu behandeln. Dieses System gibt Regeln vor, die auf die Nachhaltigkeit von Förderbemühungen begünstigend oder erschwerend Einfluss nehmen. Und letztendlich hängt die Wirksamkeit dieser Anstrengungen von allen Beteiligten ab, insbesondere von den Lehrpersonen und deren Haltungen und Glaubenssätzen.

Meine Dokumentation ist weniger an die breite Öffentlichkeit gerichtet als an eben diese Lehrpersonen und an Menschen, die in der Bildung tätig oder in besonderer Weise mit ihr verbunden sind.

Ich erwarte selbstredend nicht in allen Belangen Zustimmung. Im Gegenteil: Ich freue mich auf einen lebendigen und erweiternden Diskurs. Vielleicht gelingt es mir, das Hinterfragen tradierter Lehrtraditionen anzuregen oder zu neuen Sichtweisen zu verhelfen und eine «konstruktive Verunsicherung» zu bewirken.

Die vorliegende Schrift ist nicht das Ergebnis wissenschaftlicher Forschung. Vielmehr ist es eine Sammlung und Reflexion von Eindrücken und Fachmeinungen aus Hospitationen und Interviews mit Förderfachleuten, ein Vergleichen und Interpretieren dieses «Sammelguts» mit den Inhalten der studierten Fachliteratur und nicht zuletzt ein Kondensat meines eigenen Forschens in der täglichen Arbeit mit den Lernenden.

Die Auswertungen der Hospitationen habe ich aus datenrechtlichen Gründen bewusst anonymisiert.

Folgende Förderbereiche habe ich besucht:

- IF (Integrierte Förderung) KG/Unterstufe
- IF Gesamtschule
- IF Oberstufe
- Logopädie
- Psychomotorik
- Frühberatung
- Schulsozialarbeit
- Spitalschule
- Neonatologie
- Demenzabteilung Altersheim
- Sonderschule HZI
- Behindertenwerkstatt: Werken
- Behindertenwerkstatt: Tagesstätte
- Fachstelle Bildung im Strafvollzug BiSt
- Gefängnisunterricht
- Musikunterricht
- kollegiale Hospitationen

Im Vorfeld zu meiner Weiterbildungsphase ergab sich für mich im Herbst 2015 eine sehr erfreuliche Gelegenheit: Anlässlich eines Besuchs bei unserem Bekannten Christof Arn eröffnete dieser, dass er gerade an einem Buch über Präsenzdidaktik arbeite und Fachlektoren suche, die überdies einen Artikel aus ihrer Fachrichtung beisteuern würden. Gerne habe ich diese Chance wahrgenommen, zumal das Thema des Buches im ganzen reformpädagogischen Kontext starke Berührungspunkte zu meinem Thema hat. Mein Artikel zu diesem Buch (das im März 2016 erschien) findet sich im letzten Kapitel ab Seite 91.

Thomi Eichhorn, Oktober 2018

Inhalt

Begriff

Der Begriff «fördern» findet in mannigfaltigen Lebensbereichen von Bildung über Kultur und Sport, aber auch in sehr spezifischen Situationen rege Verwendung.

Bezieht man weitergehend auch seine Abwandlungen und Synonyme mit ein, eröffnet sich ein grosses Feld unseres Gesellschaftslebens.

In den weiteren Kapiteln wird dann «fördern» vorab im Sinne der zwei unten folgenden Begriffserklärungen verstanden.

Bedeutungen von fördern, be-fördern

Fördern als ein Füllen von Defiziten, als ein Perfektionieren von fragmentarischem Wissen oder mangelhafter Fertigkeit mit dem Ziel einer definierten Leistungsfähigkeit.

Fördern im Sinne einer Entwicklungsbegleitung einer begabten Person mit dem Ziel einer möglichst hohen Leistungsfähigkeit.

Fördern in der Gestalt einer finanziellen oder administrativen Hilfe für eine Institution, eine Idee, ein Brauchtum; oft in der Form eines Fördervereins oder eines Mäzenatentums.

Fördern im Sinn der Rohstoffgewinnung.

Be-fördern von Personen oder Gegenständen von A nach B.

Be-fördern von Personen von Status A zum höheren Status B.

Weg-befördern: Im gemeinsamen Nutzen der beförderten Person und der Gesellschaft lässt man diese aufsteigen, um sie einem durch sie ungünstig beeinflussten Umfeld oder einem ihr Unwohlsein bereitenden Umfeld zu entziehen. Beispielsweise befördert man eine wenig kontaktbegabte Person weg vom Publikumsbereich in eine administrative Leitungsposition.

Peter-Prinzip: Die These von Laurence J. Peter besagt, dass in einer genügend komplexen Hierarchie Personen so lange befördert werden, bis sie den Grad ihrer höchsten Unfähigkeit erreicht haben. Komplett pervertiert wäre das System schliesslich, wenn alle Mitarbeitenden den maximalen Inkompetenzgrad erreicht hätten.

Peter-Prinzip in gezielt angewandter Form: Eine Person, die man als fürs Ganze ungeeignet erachtet, der man aber mangels eigentlicher Verfehlungen nicht einfach kündigen kann, wird so lange befördert, bis ihre Unfähigkeit auch für sie offensichtlich oder gar unerträglich wird und sie von sich aus den Betrieb verlässt.

Synonyme für fördern (gem. Rechtschreibe-Duden 2014)

Allgemein: aufbauen, begönnern, begünstigen, sich einsetzen, eintreten, helfen, sponsern, unterstützen, vorwärtsbringen, weiterbringen

Gehoben: Förderung angedeihen lassen, sich verwenden für

Bildungssprachlich: lancieren, protegieren

Umgangssprachlich scherzhaft: In den Sattel helfen, unter seine Fittiche nehmen

Jargon: powern

Wirtschaftlich, politisch: anregen, befördern, begünstigen, steigern, unterstützen, zur Entfaltung bringen, pushen

Bergbau: ausbeuten, gewinnen, abbauen, schürfen

Synonyme für be-fördern (gem. Rechtschreibe-Duden 2014)

Allgemein (im Sinne von transportieren): bringen, fahren, schaffen, spedieren, transportieren, überführen

Bildungssprachlich: expedieren

Beruflicher Aufstieg: höhergruppieren, höherstufen

Vorteilhafter Einfluss: begünstigen, erhöhen, fördern, heben, steigern, unterstützen, verstärken, anheizen

«Menschen bilden bedeutet nicht, ein Gefäß zu füllen, sondern ein Feuer zu entfachen.»

Aristophanes,
altgriechischer Dichter

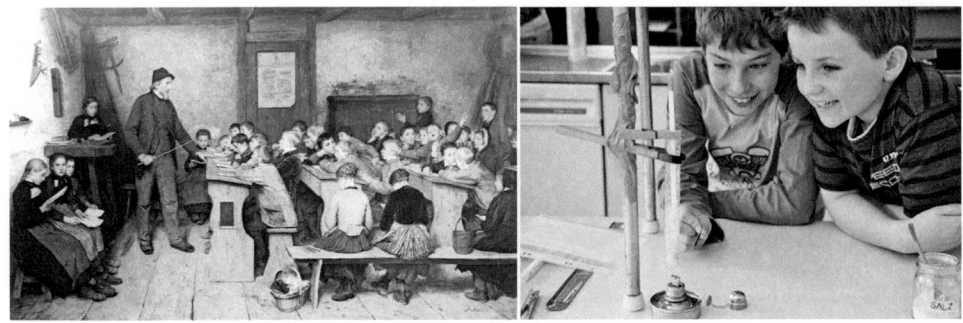

Albert Anker, «Die Dorfschule von 1848», 1896, Öl auf Leinwand
Herkunft/Fotograf: «Von Anker bis Zünd, Die Kunst im jungen Bundesstaat 1848 – 1900»,
Kunsthaus Zürich

Bilder

Lange Zeit bestand über Erziehung und Bildung in unserer Gesellschaft ein weitgehender Konsens. Eltern erzogen ihre Kinder, wie sie selbst erzogen wurden. Was die Eltern in der Schule lernten, wiederholte sich bei ihren Kindern weitgehend.

In den letzten Jahrzehnten hat sich vieles verändert, Reformen haben ganz neue Varianten von Erziehen und Bilden hervorgebracht. Ziele und Selbstverständnis von Erziehenden bewerten Gesellschaft und Fachwelt inzwischen sehr divergent. Und vieles, was früher selbstverständlich war, bedarf heute einer Begründung oder Rechtfertigung. Obschon oder weil das Wissen über Bildung und Erziehung in der Gesellschaft grösser geworden ist, haben es Eltern und Lehrpersonen heute erheblich schwerer. Dazu kommt, dass sich fast jeder berufen fühlt, über dieses Thema zu befinden.

Die verschiedenen Erziehungsstile und Rollenbilder, die den Erwachsenen im Umgang mit dem Nachwuchs zur Verfügung stehen, haben grossen Einfluss auf die Nachhaltigkeit des Förderns und bedürfen hier einer kurzen Betrachtung in Form einer Zusammenfassung aus der Literatur.

Erziehungsstile

Die Fachliteratur stellt die gängigen Erziehungsstile sehr ähnlich dar. Ich habe mich hier zusammenfassend auf die meistgenannten Kriterien konzentriert.

Autoritärer Erziehungsstil

- alleiniger Entscheidungsanspruch des Erziehenden
- geringe Wertschätzung
- wenig emotionale Zuwendung
- strenge Regeln, Strafen, Erziehung durch Zwang
- hoher Dirigismus

Antiautoritärer Erziehungsstil (Laisser-faire)

- umfängliches Entscheidungs- und Mitspracherecht des Geförderten
- hohe Wertschätzung
- hohe emotionale Zuwendung
- demokratische Regelbildung, wenig Regeln, kein Zwang

Vernachlässigender (negierender) Erziehungsstil

- Desinteresse des Erziehers am Wohl des Geförderten und seiner Entwicklung
- geringe Wertschätzung
- geringe oder fehlende emotionale Zuwendung
- keine Regeln – der Geförderte ist sich selbst überlassen

Autoritativer Erziehungsstil

- dialogischer Umgang mit Rechten und Pflichten (begründend, erklärend)
- hohe Wertschätzung
- hohe emotionale Zuwendung
- klare Regeln, klare Führung, aber geteilte und klar deklarierte Verantwortlichkeiten
- massvoller, förderorientierter Dirigismus
- hoher Förder- und massvoll hoher Forderanspruch

Rollenbilder

Beobachtet man Eltern im Umgang mit ihren Kindern oder Lehrpersonen beim Unterrichten, offenbaren sich dem geübten Auge verschiedene Rollenmuster, die Lehrende und Lernende meist recht stabil pflegen – Rollen, die sich oft gegenseitig bedingen oder zumindest begünstigen.

Zur Veranschaulichung solcher Rollensysteme hier vier Beispiele, die das Rollenverhalten von Lehrenden und Lernenden bewusst überzeichnen. Die Geschlechterzuordnung ist beliebig.

Lehrende	Lernende
Der Messias Er sieht sich als die personifizierte Kompetenz. Er geht davon aus, dass schon seine Anwesenheit einen Kompetenzsprung bewirken muss. Wer nicht reüssiert, muss folglich dumm, renitent und sonst wie selbst schuld sein. Kritisches Denken nimmt er absolut persönlich.	**Der Gläubige** Was vom Lehrer kommt, wird unhinterfragt übernommen. Er sammelt folgsam Fakt um Fakt und gibt diese anlässlich der Prüfung möglichst deckungsgleich wieder. Kritische Anmerkungen versucht er der unvermeidlich bissig-bösen Kommentare wegen zu vermeiden.
Die Aufopfernde Sie gibt alles für ihre Kinder und investiert viel in ihre Vorbereitung. Als Gegenleistung für ihr Opfer erwartet sie Aufmerksamkeit und vor allem Dankbarkeit. Wer nicht versteht, tut das, um sie zu ärgern.	**Die Dankbare** Sie macht alles, um in der Gunst der Lehrerin zu sein. Oft bedankt sie sich und lobt den Unterricht. Nie würde sie etwas bemängeln oder Fragen stellen, denn das würde sie mit kaltem Wind aus dem Paradies fegen.

Lehrende	Lernende
Der Entertainer	**Der Partygänger**
Der Spass seiner Schüler ist ihm wichtig. Er gestaltet unterhaltsame Unterrichtseinheiten, die den Schülern weitgehende Freiheiten lassen – ein reizvoller Selbstbedienungsladen. Regeln, Pflichten und Lernziele sind zweitrangig, Freude an der Schule geht vor.	Er geht meist gern in die Schule. Der Lehrer ist ein cooler Typ. Die Schule findet er meist unterhaltsam. Was nicht unterhält, vermeidet er. Leuten gegenüber, die Regeln oder Pflichten einfordern, reagiert er frech oder renitent, denn «Spass geht vor»!
Der Regisseur	**Die Schauspielerin**
Das Lern- und Lebenswohl seiner Kinder ist ihm wichtig. Er begleitet die Kinder reflektiert und achtsam in ihrem Lernen und führt klar und bewusst. Er schafft fördernde und fordernde Umgebungen, passt die Schwierigkeiten jedem an, aber er weiss: Lernen müssen die Kinder schliesslich selber.	Sie sieht sich klar in der Verantwortung für ihr Lernen. Sie ist aber froh, dass der Lehrer immer da ist, wenn sie ihn braucht. Sie schätzt es, aufgemuntert, bestärkt zu werden. Seine Tipps und Tricks helfen ihr auch durch die Klippen des Miteinanders in der Klasse. Aber sie weiss: Meine Rolle, die spiele ich selber!

Verantwortung

Für Lehrende wie Lernende stellt sich nun die Frage, zu welchem Typ sie tendieren. Geht es dem Lehrenden um Macht (administrative, kognitive oder emotionale), will er unterhalten oder will er zum Katalysator einer gesunden Entwicklung eines jungen Menschen werden?

Der Lernende muss abwägen, ob er allein um Geltung und Zuwendung buhlt, ob nur Reiz und Fun ihn aktivieren, oder ob er bereit ist, Lernverantwortung zu übernehmen und seine Rolle eigendynamisch zu füllen.

Sind wir als Erwachsene in der Rolle des Lernenden, ist diese Reflexionsleistung zumutbar. Kinder sind da überfordert und der Lehrende muss sich der kausalen Folgen seines Lehrverhaltens bewusst sein. Gerade in der Volksschule hat das Kind (im Gespann mit den Eltern) keine Chancen, dem Lehrer-Schüler-Setting zu entrinnen. Die Schulbehörden entscheiden über die Zuteilung.

Die Lehrenden haben es in der Hand, und eigentlich nur sie, dieses Setting so zu gestalten, dass ein nachhaltiges Fördern resultieren kann, in dem ein autoritativ führender Regisseur zusammen mit motivierten Schauspielern ein starkes Stück auf die Bühne bringt.

«Überall lernt man nur von dem, den man liebt.»

Johann Wolfgang von Goethe,
deutscher Dichter der Klassik, Naturwissenschaftler und Staatsmann

Grundlagen

Bevor wir uns den Förder-Akteuren, den Lehrenden und den Lernenden widmen, richtet das nächste Kapitel den Fokus auf die Bedingungen, die dem Fördern zuträglich sind. Ähnlich wie ein umsichtiger, professioneller Gärtner Voraussetzungen wie Standort, Bodenqualität, Besonnung, Wasser, Zweck und ähnliches vor der Gestaltung einer Pflanzung bedenkt, müssen sich auch die Lehrenden den Bedingungen achtsam zuwenden, die dem jungen «Schüler-Pflänzchen» das Wachsen ermöglichen oder zumindest erleichtern.

Vieles davon liegt schon in der Person des Lehrenden und insbesondere in seiner Haltung sowohl seinen Klienten (Schüler/in, Eltern) wie auch seiner Rolle gegenüber. Seine Zuwendungsbereitschaft, sein Interesse an Kind und Inhalt, seine Empathie, seine philanthropische Grundeinstellung, seine Agilität und Flexibilität, seine Authentizität, seine Aufrichtigkeit und seine Klarheit sind wichtige Förderfaktoren. Ebenso ist in der *Person des Lernenden* vieles an Potential oder an Grenzen vorbestimmt.

Da hinein mischen sich Erwägungen oder Kritiken der *Gesellschaft,* die jeden weitreichenden Konsens in Zweifel ziehen können. Die Aufgabe von Erziehenden und Lehrenden ist eine schwierige. Da lohnt es sich, ein paar Einflussgrössen für den «Garten Schule» gesondert anzuschauen.

Plädoyer für die Wohlfühlschule

Ein beliebter, schon längst zum Schimpfwort avancierter Begriff ist jener der «Wohlfühlschule». Von den Kritikern wird gerne – parallel zu diesem Vorwurf – die Geborgenheit stiftende Familie hochgehalten. Wärme und Sicherheit, Führung und Begleitung, ein Hort der Zugehörigkeit, dies alles macht eine Familie als Grundlage für das Werden des Kindes unverzichtbar. Das Wohlgefühl in der Familie – das ist der unangefochtene Konsens der Gesellschaft.

Und in der Schule? Da soll das Wohlfühlen plötzlich nicht mehr mit Wärme und Sicherheit, mit Führung und Begleitung, mit Hort der Zugehörigkeit assoziiert werden, sondern mit Nichtstun, mit Ziel- und Führungslosigkeit, mit «jeder darf tun, was er gerade mal will».

Da stimmt etwas nicht. Da haben die Kritiker nicht zu Ende gedacht.
Wohlfühlen ist eine Gefühlslage, die den ganzen Menschen umfasst in all seinen Bestrebungen. Müssiggang und freie Entscheidung können ihren Anteil dazu beitragen. Aber es wäre doch sehr lebensfremd und naiv zu meinen, damit sei der Drang zum Wohlgefühl bereits gestillt, zumal in anderen Bereichen wie Beruf oder Verein «wohlfühlen» geradezu zwingend mit gedeihlich erfolgreichem Arbeiten in Zusammenhang gebracht wird.

Diese Widersprüchlichkeit zeigt sich deutlich bei der Gegenüberstellung der folgenden drei Alltagsbilder:

Bild 1

Herr A. hat eine neue Wohnung. Liebevoll richtet er sie ein und hält sie in Schuss. In der Freizeit lädt er auch gerne Freunde ein und bekocht sie. Er fühlt sich in seiner Wohnung ausgesprochen wohl.

Bild 2

Frau B. hat einen neuen Job. Sie lobt das herzliche Team in dem alle auf hochprofessioneller Ebene effizient und engagiert zusammenwirken. Sie arbeitet sehr gerne dort und geht für ihren Betrieb durch dick und dünn.

Bild 3

Kind C. besucht seit einem halben Jahr die 1. Klasse. Es liebt die Lehrerin und ist gerne mit den Mitschülern zusammen. Die Lieblingsfächer sind Rechnen, Deutsch, Turnen, ja, eigentlich alle Fächer. Die Eltern sind erstaunt, was ihr Kind in der kurzen Zeit schon alles gelernt hat und wie fleissig und konzentriert die Klasse jeweils arbeitet. Ihr Kind fühlt sich in der Schule ausgesprochen wohl.

Das Wohlbehagen aller drei Personen erreicht ein sehr hohes Niveau. Während jenes von Herrn A. und Frau B. uneingeschränkt positiv besetzt ist, ist das Wohlfühlen von Kind C. für viele Kritiker verdächtig. Während achtsamen und reflektierten Menschen klar ist, dass Wohlfühlen im Job, in der Wohnung oder im Verein ein selbstverständliches Anliegen ist, unterstellen viele dem schulischen Wohlfühlen Ungutes. Ausgehend von obigen Bildern müssen wir aber protestierend fragen: Wohlfühlschule – was denn sonst?!

Nun ist man versucht, die Kritiker nach ihrem Gegenkonzept zu fragen: Angstschule? Unwohlfühlschule? Qualschule? Sowohl die Forschung wie der gesunde Menschenverstand müssen die Antworten nicht abwarten – sie gehen einhellig davon aus, dass man besser lernt und arbeitet, wenn man sich wohl fühlt.

Wie können die Kritiker zu diesem offensichtlich unsinnigen und einfältigen Vorwurf gelangen? Vielleicht gehen sie von einem unpassenden Menschenbild aus. Vielleicht idealisieren sie ihre eigenen Bilder von Schule völlig unreflektiert. Vielleicht waren sie schon lange nicht mehr in einem Schulzimmer. Vielleicht gehen sie fälschlicherweise davon aus, dass Wohlgefühl bei Kindern stets mit Nichtstun, mit «Larifari» gekoppelt ist und Leistung und Leistungswille dabei ausgeschlossen sind. Aus unserem Alltagsleben wissen wir aber, dass ein guter Arbeitsfluss, eine bemerkenswerte Leistung und ein gesunder Ehrgeiz unglaublich befriedigen und in hohem Mass Wohlgefühl auslösen. Das gilt für Kinder wie für Erwachsene.

Wenn wir starke, gesunde und leistungsbereite junge Menschen heranziehen wollen, müssen wir nichts anderes als eine Wohlfühlschule anstreben und diesen Begriff, wie er es verdient, auf den Ehrenplatz setzen!

Grundbedingungen des Wohlfühlens

Es wurde bereits erwähnt, dass Wohlfühlen eine umfassende Gefühlslage ist und sehr viele Grössen miteinschliesst, die alle Einfluss auf unser Lernen haben. Goethes Satz geht dabei auf die wahrscheinlich zentralste Wohlfühlbedingung des Lernens, vielleicht des gesellschaftlichen Lebens überhaupt, ein: Lieben und geliebt werden. Wenn es uns als Gesellschaft besser gelänge, einander mit Wärme und Wertschätzung zu begegnen, hätten wir wohl ein paar Probleme weniger.

Wenden wir uns hier einigen Grundbedingungen zu, die für ein stärkendes, nachhaltiges und Wohlbehagen stiftendes Lernklima nötig sind:

Liebe und Anerkennung: Wie bereits erwähnt, ist eines unserer zentralen individuellen Bedürfnisse jenes nach Liebe und Wertschätzung. Auch wenn wir als Erwachsene ein reifes Bild unserer Begabungen und Mängel entwickelt haben, ist die Spiegelung durch unsere Mitmenschen doch unverzichtbar, die Nähe und Zärtlichkeit geliebter Menschen ebenso.
> *Wir fühlen uns wohl, wenn wir Liebe, Nähe und Wertschätzung erfahren.*

Individualismus: Wir Menschen haben den unübersehbaren opportunistischen Drang, alles zu tun, was uns nützt. Dieser individualistische Wesensanteil kann aber bei näherer Betrachtung nicht durch eine vordergründige, moralisierende Kritik als verwerflicher Egoismus verurteilt werden. Dieser Drang nach Eigennutz ist für unser Gedeihen, für unsere Gesundheit, ja für beinahe alle Lebensbelange zentral und somit absolut überlebensnotwendig.
> *Wir fühlen uns wohl, wenn unsere wichtigsten Bedürfnisse befriedigt sind.*

Rücksichtnahme, Nächstenliebe, Empathie: Es gibt in der Tierwelt sehr unterschiedlich disponierte Arten: solche, die einzig um der Fortpflanzung willen kurz auf ihre solitäre Lebensweise verzichten, bis hin zu jenen, für die eine enge Bindung mit Artgenossen unverzichtbar ist. Der Mensch gehört eher der zweiten Gruppe an. Die gesellschaftliche Wertung von Lebenskonzepten bestätigt dies: Menschen mit einem reichen und bunten Bezugskreis gelten gemeinhin als glücklich und beneidenswert. Vereinsaktivitäten, Veranstaltungen, Brauchtum – alles bringt Menschen zusammen. Portale zur Partnersuche blühen. Überall suchen wir Kontakt und Nähe zu anderen Menschen. In Formen von Rücksichtnahme, in unserer Sprache, in beredter Mimik und Gestik kommt unser Wille zur Gruppe täglich zum Ausdruck. Genau wie der Individualismus scheint in uns Empathie als Grundkonzept angelegt zu sein. Oft verhalten wir uns empathisch, obschon uns dies (aus rein individualistischer Sicht) Nachteile bereitet. Wir helfen oft reflexartig und nicht, weil wir müssen oder weil uns dieses Verhalten unmittelbar nützt – wir wollen es einfach.

> *Wir fühlen uns wohl, wenn wir freundlich, rücksichtsvoll und mitfühlend sein können.*

Drang zur Aktivität: Langeweile ist zwar gemäss neurologischer Erkenntnisse ein ausgewiesener Kreativitätsmotor, wird aber allenthalben als unangenehme Gefühlslage erlebt. Nichts zu tun, untätig zu sein, ist nicht das zentrale Bestreben von ausgeruhten und gesunden Menschen. Wir streben alle in der Regel nach einem sinnstiftenden Tun. Aktivität scheint uns zu befriedigen, gibt uns Lebenssinn und -ziel.

> *Wir fühlen uns wohl, wenn wir motiviert aktiv sind.*

Regelhaftigkeit: In einer Welt ohne Regeln droht stets der Übergriff anderer. Es herrscht Unsicherheit. Alle Aspekte des Alltags müssen stets von neuem erkämpft oder zumindest besprochen werden. An eine mittel- oder langfristige Lebensplanung ist nicht zu denken, weil immer alles anders kommen kann.
Überall, wo Menschen sind, entstehen in Kürze Regeln, egal ob in Beruf oder Freizeit. Auch spielende Kinder streben schon im jungen Schulalter stets nach Vereinbarungen, Ritualen und Verbindlichkeiten. Das Spiel im Konjunktivmodus (ich wäre ... und du müsstest dann) besteht oft geradezu aus solchen Vereinbarungsmomenten. Wenn wir unsere Kriminalstatistiken anschauen, sind sie immer auf den kleinen Prozentsatz Delinquierender fokussiert. Drehen wir die Sache um, sehen wir, dass sich die meisten Menschen um ein fast vollkommen reguläres Verhalten bemühen.

> *Wir fühlen uns wohl, wenn wir von verbindlichen Regeln ausgehen können.*

Leistung, Konkurrenz, Erfolg: Die Jagd- und Sammelgesellschaft der frühen Menschheitsgeschichte war auf Gedeih und Verderb auf gutes Mitwirken ihrer Clanmitglieder angewiesen. «Seine Sache gut machen wollen» ist aus diesem Blickwinkel ein äusserst sinnvoller Drang. Natürlich kann Konkurrenz in individualistisch-egoistischem Sinn pervertieren. Ist Konkurrenz aber auf «seine Sache gut machen wollen» und nicht auf «andere übertrumpfen, andere schwächen, andere vernichten» angelegt, dient sie dem Individuum und der Gesellschaft.

> *Wir fühlen uns wohl, wenn wir stolz auf unsere Leistung sein können.*

Zusammenarbeit, Selbständigkeit: Das Spannungsfeld Individualität & Sozietät drückt sich klar in unseren Arbeitspräferenzen aus. Einige Menschen arbeiten lieber in Gruppen, andere lieber allein. Einige Arbeiten lassen sich besser im Team, andere besser solo im stillen Kämmerlein bewältigen. Im Ganzen ist unsere Gesellschaft aber auf intensive Zusammenarbeit und binnendifferenzierte Arbeitsteilung angelegt. Beide Qualitäten, Kooperation wie Selbständigkeit, sind in unserem Lebensalltag erforderlich. Deshalb ist es wichtig, sie zu entwickeln und zu pflegen.

> *Wir fühlen uns wohl, wenn wir gedeihlich zusammenarbeiten können, aber auch, wenn wir uns zu solider Selbständigkeit fähig fühlen.*

Die moderne Schule versucht diesen Aspekten in hohem Mass gerecht zu werden. Die Folge ist dann keine Schule, in der jeder nur macht, was er will. Es entsteht eine Schule, wo unter Berücksichtigung der individuellen Bedürfnisse möglichst motiviert gehandelt wird und nicht nur selbständiges Leisten und Erfolg, sondern auch Kooperation geübt wird, und alles im Kontext gegenseitiger Rücksichtnahme und konsolidierter Regelhaftigkeit, in einem Klima von Wärme und Wertschätzung. In einer solchen Schule kann man sich wohl fühlen.

Goethe hat Recht.

Individualisieren

Ganz normale Mütter und Väter erziehen ihre Kinder niemals identisch. Sie spüren intuitiv die Unterschiedlichkeit des Wesens und der daraus resultierenden Bedürfnisse. Daraus folgen auch unterschiedliche Lernkarrieren und Lernfelder, unterschiedliche Lernstrategien und -mechanismen. Eltern, die mit dieser Achtsamkeit erziehen, freuen sich auch über die individuellen Lernerfolge:

• Ralf, der Älteste, war schon immer etwas ernsthaft, manchmal fast verbissen pflichtbewusst. Über sein lautes, fast etwas zügelloses Verhalten auf dem Fussballplatz freuen sich die Eltern. Seine Erfolge als Stürmer stärken sein Selbstvertrauen und seine Lebenszuversicht. Seine Kollegen heitern ihn auf und entspannen ihn.

• Sarah, die zweite, ist ein Winner-Typ. Alle lieben sie, die Schule fällt ihr leicht. Was sie anpackt, gelingt meistens. Der Misserfolg im Skirennen letzten Winter kam nicht ungelegen. Es tut ihr gut, wenn sie sich nicht auf einen Erfolgs-Automatismus einstellt.

• Der kleine Simon ist noch sehr verspielt und verträumt. Während die beiden Geschwister eher frühreif waren, braucht er stets ein wenig länger. Schule ist wohl noch kein Thema. Die Eltern gönnen ihm ein weiteres Kindergartenjahr und lassen ihm selbstverständlich Zeit zum Nachreifen.

Was in der Familie selbstverständlich und logisch erscheint, löst im Kontext der Volksschule schnell mal Befremden aus (der obige Diskurs über Wohlfühlschule lässt grüssen). Vor allem aus eher konservativen Kreisen erfahren individualisierte, personenzentrierte Sichtweisen Kritik. Es wird moniert, Kinder befänden sich hierbei in einem führungslosen Raum und könnten tun, was sie wollen. Ein Leistungsanspruch entfalle völlig. Individualisieren wird als ein Modell verstanden, wo die Lernenden auf der Basis aktueller Lustgefühle frei über Aktivität oder Passivität entscheiden, ohne dass eine Lehrperson eingreift.

Historisch gesehen ist diese Kritik nicht ganz aus der Luft gegriffen, gingen doch einige reformpädagogische Schulmodelle (Summerhill, Montessori, Steiner, …) zumindest von Konzepten aus, die aus konventioneller Sicht den Eindruck von Führungslosigkeit erweckten.
Bei genauerer Betrachtung erkennt man aber, dass dieser Vorwurf selbst in der radikalsten Ausprägung der Summerhill-Schule von A. S. Neill nicht berechtigt war. Auch der englische Vorzeige-Antiautoritäre ging nicht von Führungslosigkeit oder Regelfreiheit aus. Das Konzept auf dem «Sommerhügel» war durchaus regulär und lernorientiert angelegt, nur verlegte man die Entscheidungskompetenzen grösstenteils von der Lehrer- auf die Schülerseite.

So radikal will unsere Volksschule ja gar nicht sein, aber wenn heute von Individualisieren die Rede ist, haben diese reformpädagogischen Ideen durchaus zumindest Patenfunktion. Man geht davon aus, dass man nur nachhaltig lernen kann, wenn man sich vom Thema angesprochen fühlt und die Inhalte auch verstehen kann.
Hand aufs Herz: Als Erwachsene würden wir einen Kurs, eine Weiterbildung, die uns nicht interessiert oder nicht zu uns passt, sofort beenden. Von unseren Kindern verlangen wir aber oftmals, dass sie solche Situationen klaglos aushalten, und

zudem (und das scheint mir schon sehr ignorant) erwarten wir von ihnen auch noch Lernerfolge. Will sich dieser nicht einstellen, bedrängen wir die jungen Menschen mit einem Drohszenario in der Hoffnung, ihr Lernen wenigstens damit zu retten.

Würde uns Erwachsene eine derartige Machtgebärde vom Ausstieg abhalten oder unser Lernen rettend beflügeln? Im Gegenteil, es wäre ein weiterer Ausstiegsgrund! Und obschon wir über erheblich mehr Lebenserfahrungen und Krisenkonzepte verfügen, treten wir aus der unerträglichen Spannung aus, während wir ganz selbstverständlich von unserem Nachwuchs genau diesen akrobatischen Spagat zwischen Erwartung und unbefriedigender Realität erwarten.

Wenn wir system- und personenzentrierte (individualisierte) Modelle einander gegenüberstellen, wird Überraschendes sichtbar:

Im **systemzentrierten Unterricht** herrscht Einheitlichkeit bezüglich Inhalt und Arbeitsweise (alle machen das Gleiche auf die gleiche Weise). Gleichzeitig sind die Lernresultate aber sehr heterogen. Während einige nichts oder wenig verstehen, sind andere gelangweilt. Ein paar wenigen Schülern gereicht der Unterricht zu dem im Lernziel angedachten nachhaltigen Lernerfolg.
> *Inhalt und Vorgehen homogen, Lernfortschritt heterogen*

Im **personenzentrierten, individualisierten Unterricht** wird Inhalt und Arbeitsweise dem Lernstand und dem Lernpotenzial des einzelnen Kindes angepasst. Das didaktische Wirken zielt auf möglichst hohen Lernzuwachs bei jedem einzelnen Kind.
> *Inhalt und Vorgehen heterogen, Lernfortschritt homogen*

Wenn wir als Gesellschaft Lernleistung als höchstes Ziel von Schule deklarieren, Leistung generell hoch gewichten, müssen wir personenzentrierte Modelle klar bevorzugen, denn sie zielen auf den Kompetenzzuwachs von allen Lernenden.

Personenzentrierte Unterrichtssituationen
in der gleichen Lektion:

1. Individuelles Kartentraining mit
Ausscheidungsverfahren (was ich kann,
lege ich beiseite)

2. Individuelle, formative Kompetenz-
kontrolle mit nachfolgendem Lernweggespräch zwischen Lehrer und Schüler

3. Training mit einem Computerprogramm

4. Arbeitsblatt zum aktuellen Thema
des Schülers

5. Arbeit mit der Heilpädagogin

6. Schüler-Schüler-Coaching

7. Eigenes Forschungsprojekt

8. Auswertung der individuellen, summativen Testanlage mit Lernweggespräch

Konstruktivistische Didaktik

Im Ansatz der konstruktivistischen Didaktik geht man davon aus, dass Lernen letztlich nur in einem eigendynamischen Konstruieren und Modifizieren von Strukturen auf der Seite des Lernenden funktioniert und weniger durch die Instruktion des Lehrenden. Gerade Erfolg und Glück kann man nicht «lehren», man muss sie finden. Begreifen und Einsicht sind ebenfalls nicht eigentlich «lehrbar», man muss sie entdecken und entwickeln. Das alles gipfelt dann in der Erkenntnis, dass der Mensch zwar lernfähig, aber unbelehrbar ist («Wie man lehrt, ohne zu belehren», Rolf Arnold, 2012).

Die Rolle des Lehrenden wird daher aus dieser Sicht eine ganz andere. Nicht mehr der Wissende und dieses Wissen Vermittelnde, sondern der Begleitende, der Stützende, der Coach ist gefragt. Hierbei geht das Lehren weg vom Reden hin zum Hören. Es geht nicht mehr darum, fertige Muster oder Vorgehensweisen zu vermitteln und deren simple Reproduktion abzufragen, sondern eine aktive Rekonstruktion dieser Inhalte beim Lernenden zu induzieren, zu provozieren, zu begleiten und letztlich die Basis zu schaffen, um aus diesen Kompetenzen individuell neue Erkenntnisse zu konstruieren (Reproduktion > Rekonstruktion > Konstruktion). Das Wunschresultat ist ein heuristisch[1] Lernender, dessen Kompetenz aus seinem täglichen Forschen und Denken, seinem Vergleichen und Überprüfen stetig wächst und sich mehr von Impulsen nährt als von herkömmlicher, dozierender Wissensvermittlung.

Die Unterrichtsvorbereitung wird in der konstruktivistischen Sichtweise eine völlig andere: Es werden wenig plandidaktische Abläufe mit Zielformulierungen geschrieben. Der Lehrende steht vermehrt als achtsam Beobachtender und Hörender dem Lernenden zur Seite und begleitet als Struktur- und Prozessfachmensch die Erkenntnisschritte und Lernwege des Lernenden – immer dessen aktive Konstruktionswege vor Augen. Der Lehrende plant also nicht Lektionsabläufe, sondern er schafft Materialsammlungen, Lernumgebungen, Spiel- und Forschungsanordnungen und vieles mehr, was den Lernweg verdichtet, beschleunigt, ganz allgemein unterstützt.
Das heisst nicht, dass alle frontalen, dozierenden Formen in diesem Kontext abwegig wären. Vielmehr können sie, gezielt eingesetzt, eben diesen oben erwähnten für die konstruktivistische Didaktik so wichtigen Impulscharakter haben.

---

[1] Heuristik: vom altgriechischen heurisko = ich finde, d.h. mit begrenztem Wissen mutmassend zu Erkenntnissen gelangen

Modus «flow»

Wir kennen es alle: Von einem Thema gefesselt, von einem Ziel entflammt erscheint einem die Welt rundherum marginal. Alles ist auf das aktuelle Tun fokussiert. Selbst Grundbedürfnisse treten ganz an den Rand. Und am Ende sind wir überrascht, wie viel wir in kurzer Zeit zu leisten im Stande waren und erinnern uns noch lange an das zeitlose Glück während der Arbeit. Nicht zuletzt überrascht uns, mit welcher Tiefe und Nachhaltigkeit sich Erkenntnisse, Fakten und Zusammenhänge in unser Gedächtnis einprägen und wie diese Früchte auch späteres Tun kraftvoll nähren können.

Die wissenschaftliche Beschreibung des Flow-Zustandes verdanken wir dem italienischen Psychologen Mihály Csíkszentmihályi. Er umreisst unter diesem Begriff einen Zustand des völligen Aufgehens in einer Tätigkeit, nicht unähnlich einem Rausch oder einer Trance. Im Gegensatz aber zu letzteren Zuständen herrscht dabei ein Gefühl höchster Konzentration und Kontrolle vor. Anforderung und Fähigkeit befinden sich im Einklang. Die Arbeitsenergie scheint grenzenlos vorhanden zu sein. Empfindungen wie Versagensangst oder Langeweile fehlen gänzlich.

Aktiv zu erreichen oder zu erwirken ist der Flowzustand kaum, aber es lassen sich Bedingungen schaffen, die dessen Eintreten begünstigen. Wichtig ist, dass der betreffende Mensch bei der bevorstehenden Tätigkeit bereits einen respektablen Kompetenzgrad erreicht hat und damit emotional und intellektuell zutiefst mit der Materie vertraut ist. Zumeist geht dem Flow eine lange Vorlaufphase voraus, die von harter Arbeit und von langem Training geprägt war. Der anschliessende Flow ist dann energetisch gesehen eher passiv – die Energie kommt scheinbar nicht aus dem Menschen selbst, sondern aus dem Tun, dem Inhalt.

Solche Flowzustände erreichen Kinder des Öfteren im Spiel. Im Gegensatz zu uns Erwachsenen sind sie in dieser Befindlichkeit auch recht immun gegen potentielle Störungen von aussen (der Essensruf beispielsweise bleibt ungehört).
Auch im Unterricht geraten Kinder gelegentlich in den Flow und entwickeln, entgegen der sonst dominierenden kurztaktigen Arbeitsweise, in eine erstaunliche Beharrlichkeit und Ausdauer.

Hier lauern auf der Seite der Lehrenden und des Systems Schule verschiedene Gefahren:

- Der starre Lektionsraster führt täglich zu Abbrüchen von zumindest flowähnlichen Zuständen. Die Verärgerung der Kinder ist in solchen Fällen zumeist unüberhörbar.
- Plandidaktische-egalistische Konzepte, die ein gemeinsames Fortschreiten erwarten, verhindern den Flow fortwährend.
- Dirigistische Haltungen von Lehrenden unterbinden oft schon im Ansatz den Flow, weil die Vorphase dazu bezüglich emotionaler und intellektueller Entscheide von der Lehrperson bestimmt wird und die nötige selbstattributive Dynamik beim Lernenden gar nicht entstehen kann.

Wie können Lehrpersonen Flow und flowverwandte Zustände fördern:

- Grundsätzlich wirken offene Unterrichtsformen (siehe unten) förderlich, weil ein uniformes Fortschreiten kaum oder seltener zwingend vorgesehen ist.
- Die Kultur des Lernweggesprächs (die Lehrperson bespricht nächste Lernschritte und individuelle Ziele mit dem Kind) schafft durch den Einbezug des Kindes in die Lernverantwortung die Basis für die wichtige emotionale Beziehungsverdichtung zum Thema.
- Lehrende mit einer unterstützenden und interessierten Grundhaltung (Coach), die nur führen und bestimmen, wenn sich Lernende verlieren und im Kontakt mit ihnen deren Begeisterung authentisch teilen können, heizen Flowzustände an.
- Lehrende müssen stets wachsam sein, ob solche Zustände eintreten. Gelegentlich passiert das auch mit einer ganzen Klasse. Solche Situationen soll man nutzen und den geplanten Unterricht zugunsten der aus dem heissen Interesse zu erwartenden Lerndichte zurückstellen. Natürlich kann auch nur eine kleine Gruppe der Klasse dem Spontanthema zugeneigt sein. In diesem Fall ist auch eine geteilte Arbeit möglich.

Offener Unterricht

Offener Unterricht ist ein didaktischer Ansatz, der dem Lernenden viel Mitbestimmung bezüglich Lerninhalt und Arbeitsweise gewährt. Es geht bei dieser individualisierten Form nicht darum, dass der Lernende über Tun oder Nichtstun entscheidet. Im Gegenteil: Es geht zentral darum, seine intrinsische Motivation[2] zu stärken und damit seine Lernenergie zu verdichten. Modelle offenen Unterrichts lassen sich einerseits aus obiger konstruktivistischer Sicht legitimieren, aber auch aus den Ansprüchen unserer Gesellschaft, ist doch eigenständiges Mitdenken und Weiterentwickeln inzwischen eine Standardanforderung in den meisten Berufsfeldern. Und wie könnte sich dieses in einem inhalts- und ablaufsgehorsamen Unterricht zielstrebig entwickeln?
Die Idee eines offenen Unterrichts schliesst aber nicht per se ein plandidaktisches Konzept aus. Vielmehr liegt die Kraft dieser Idee gerade im virtuosen Griff in die vielfältigen didaktischen Register während eines Unterrichtstags.
Zudem gibt es ja neben dem autonomen Denken noch andere angestrebte Verhaltensweisen wie Regelverhalten, Zuverlässigkeit, Genauigkeit und andere mehr, die mittels anderer didaktischer Formen besser entwickelt werden können.

Weiterreichend müsste die Vorstellung offenen Unterrichts auch zur Frage drängen, ob die separierte Fächerstruktur für den Lernerfolg wirklich zwingend oder zielführend ist. Mindestens widerspricht eine 45-Minuten-Struktur sowohl den Gegebenheiten eines natürlichen Lernens (unser Alltagslernen richten sich nicht nach Zeit und Sortenreinheit der Inhalte) wie auch dem Streben nach Ganzheitlichkeit.

Ein Beispiel: Während der Aufbereitung eines Gruppenvortrags (ein Klassiker des offenen Unterrichts) wird gelesen, geschrieben, gezeichnet, Arbeit geplant und verteilt, Daten und Zahlen gesammelt und verglichen, gerechnet, strukturiert, redigiert, vortragen geübt. Viel Sachwissen, viele Fertigkeiten und eine ganze Menge an sozialem Kompetenzzuwachs werden das Resultat sein. Fächer- und Zeitstrukturen sind aufgebrochen, von Neugierde genährt erfahren alle Lernenden einen Lerngewinn, der oft nachhaltige Folgen zeitigt (neue Hobbys, neue Freundschaften), den niemand geplant hat und der eben oft auch das Gefühl mit sich bringt, im Fluss, im Flow gewesen zu sein – ein Gefühl, das nach Wiederholung drängt.

---

[2] intrinsisch = von innen her, aus sich heraus, im Gegensatz zu extrinsisch = von aussen

Gruppendynamik

Die meisten Erstklässler können noch nicht lesen und schreiben und haben nur rudimentäre Erfahrungen im Umgang mit Zahlen. Diesen Anfängerstatus gönnen wir ihnen und sehen uns als Eltern oder Lehrpersonen in der pädagogischen Verantwortung, diese Kompetenz schrittweise zu entwickeln.

Genauso bricht ein Erstklässler in seiner Entwicklung erst langsam in die empathische Phase auf, die ihm ermöglicht, die Gefühle des Gegenübers zu spiegeln, sich einzufühlen. Bei der Dynamik, die in Gruppen entsteht, brauchen die Kinder die gleiche kompetente Hilfe wie beim Lesen und Schreiben.

Nicht nur bei kleineren Kindern hängen Lernzufriedenheit und Lernerfolg stark von einem Gefühl sozialer Harmonie ab. Wer irritiert ist über einen schwelenden Streit interessiert sich nicht fürs Lesen oder Rechnen. Ungelöste Konflikte, Ressentiments und Mobbing sind kapitale Förderbehinderer, denen man als Förderperson nicht aus dem Weg gehen kann.
Wer aus Zeitgründen den Pausenkonflikt einfach verdrängt, wird Zeit verlieren. Wer als Lehrender zulasten sozialer Prozesse nur Inhalte und Fertigkeiten zu seinem Arbeitsauftrag zählt, wird sich mit der Erfüllung seiner Pflicht schwertun.

Es ist wichtig, dass Lehrende nicht nur über Sach- und Didaktikkompetenzen verfügen, sondern sich auch in Fragen der Gruppendynamik und des Konfliktmanagements auskennen.

Hier exemplarisch zwei Verfahren zur Konfliktlösung, die sich in der Praxis bewährt haben:

Konfliktlösung – Die Gerichtsverhandlung

Rollen: Richter (meist Lehrperson), Angeklagter, Kläger, Zeugen (meist alle Kinder)
Ziel: Klärung, aus dem Konflikt gelangen ohne Schuldzuweisung, gestärkt, zufrieden, friedlich, in Würde, mit dem Wissen ums Wie-weiter.

Beispiel: A kommt zum Richter und beklagt sich aufgelöst, von B gehauen und geschubst worden zu sein. Die Lehrperson nimmt in der Rolle des Richters die Aussage neutral entgegen und bittet B in entspannt-freundlichem aber bestimmtem Ton zu sich. Es folgt die richterliche Ansage, dass jetzt B das Wort hat und A so lange schweigen muss, bis B fertig ist mit seiner Stellungnahme.

A wie B gelangen durch die stark ritualisierte Form (der Richter muss A vielleicht mehrmals freundlich, aber bestimmt ermahnen, B ausreden zu lassen) in einen gelasseneren, weniger emotionalen Zustand. Zudem befindet sich B nicht mehr so arg im Verteidigungsmodus und fühlt sich ernst genommen.

Nach Abschluss der Stellungnahme des Angeklagten B fragt der Richter ihn, ob er wieder dem Kläger das Wort geben kann. Jetzt muss B schweigen, bis A fertig ist. Oft klärt sich die Sache schon in diesem Moment, Missverständnisse werden entlarvt, Fehlverhalten eingesehen oder Lösungsvorschläge gemacht.

Oft hat es Umstehende, die sich für den Konflikt interessieren. Diese tragen nicht selten konstruktiv zu einer Lösung bei, müssen sich aber denselben Sprechregeln (der Richter bestimmt, wer redet) unterstellen.

Der Richter lobt und quittiert Vorschläge und modifiziert diese, wenn nötig. Anschliessend erfragt er von A wie B die Zustimmung und regt zum Handschlag der Kontrahenten an. Die beiden werden vom Richter mit einem guten Wort und zustimmend lächelnd (wichtig!) mit Handschlag verabschiedet.

Entscheidend sind hierbei eine emotional beruhigte Situation, das Gefühl von wiedergewonnenem Frieden und die vollkommen intakte Würde von beiden.

Sollte der Konflikt noch nicht beigelegt sein, wird der Wechsel von Vortragen und Zuhören noch fortgesetzt und es werden allenfalls Zeugen zugezogen. Ergibt sich die Schuldhaftigkeit eines (oder am besten beider) Konfliktpartner, kann der Richter diese Erkenntnis gelassen nochmals prägnant zusammenfassen.

Möglicher Richtertext: «Ihr seht, ihr habt da beide nicht alles richtig gemacht» – «Ihr seht, das war ein blödes Missverständnis, aber jetzt wisst ihr, wie's gemeint war». Wichtig ist auch hier ein ruhiger, wohlwollender Ton, vielleicht begleitet von einer Berührung der beiden (Hand auf Schulter).
Erscheinen beide entspannt, kann der Richter vielleicht auch mit einem dezent humorigen Sahnehäubchen abschliessen.

Hintergrundüberlegung:

- die emotionale Anfangsstimmung auf eine sachliche Ebene bringen (durch Ritual)
- Vertrauen schaffen in den Richter einerseits und in verbale Lösungsansätze andererseits
- Streit ruft nach Lösung und nicht nach Rache und Vernichtung des Gegners
- Streit ist natürlich und an sich nichts Böses
- holt Hilfe, wenn ihr Hilfe braucht

Mobbing-Management – No Blame Approach

«No Blame Approach» ist eine ritualisierte und klar strukturierte Methode zur Mobbing-Lösung und erfolgt in drei Schritten:

Schritt 1: Gespräch mit dem «Mobbing-Opfer»

Der erste Schritt ist das Gespräch mit dem «Mobbing-Opfer». Ziel ist es, die seelische Not des betroffenen Kindes ernst zu nehmen und das Vertrauen zu schaffen in den Moderator (Lehrperson), die Vorgehensweise und die Beendbarkeit der Krise.

Es gilt zu verhindern, dass sich das «Mobbing-Opfer» durch insistierende Fragen oder Grübeln nach Details in die Enge getrieben fühlt. Man muss als Moderator nicht alles wissen. Wichtig für die Lösbarkeit des Mobbings ist aber, dass Hauptverursacher und Mitläufer genannt werden.

Schritt 2: Das Helferteam

Das Helferteam wird aus «Mobbing-Tätern», Mitläufern und Neutralen gebildet. Es wird ihnen bildhaft (z.B. Bauchweh vor der Schule, Erbrechen jeden Morgen, Schlafstörungen) die missliche Lage des Opfers vor Augen geführt. Achtung: Das Opfer ist nicht anwesend und wird zu keiner Zeit Opfer, sondern mit Namen genannt.

Der Moderator eröffnet der Gruppe, dass er Helfer aus ihren Reihen brauche, um dieses schlimme Problem zu lösen, gibt aber nicht bekannt, dass er weiss, wer die Täter sind. Gibt das doch jemand zu, wird dieser für den Mut gelobt. Die Aufgabe der zu bildenden Helfergruppe ist die Verbesserung der misslichen Lage des Opfers. Es werden Möglichkeiten diskutiert, wie dieses Ziel erreicht werden könnte.
Jedes Mitglied der Helfergruppe wird nach der Zustimmung gefragt. Nicht-Zustimmende werden durch andere Kinder ersetzt.

Optimal ist meist eine Gruppengrösse von sechs bis acht Schülerinnen und Schülern. Gemischt-geschlechtliche Helfergruppen sind eher von Vorteil.

Am Schluss der Sitzung wird der nächste Termin vereinbart, an dem über den Erfolg der Helfergruppe gesprochen wird.

Schritt 3: Sitzung(en)

Die erste Sitzung findet noch getrennt (Opfer/Helfer) statt. Das Opfer wird über den Effekt der Helfergruppe, über ihr ganzes Befinden und allfällige Wünsche vorgängig und unter vier Augen befragt.

Die Helfergruppe soll Episoden erzählen, wo sie erfolgreich gegen Mobbing (gegenüber dem Opfer und anderen Kindern) vorgegangen sind. Der Moderator lobt erfolgreiche Arbeit ausdrücklich. Gescheiterte Versuche werden gemeinsam analysiert. Der Moderator gibt Tipps für die Zukunft.

Dieser Schritt sorgt für Verbindlichkeit bei allen Gruppenmitgliedern, auch bei den Tätern und Mitläufern. Es gibt ihnen zusätzlich die Chance zum Rollenwechsel (siehe dazu unter Hintergrundüberlegung).

In weiteren Sitzungen, sofern erforderlich, kann auch das Kollektiv (Opfer und Helfer) zusammensitzen. Stellt man eine definitive Beilegung des Problems fest, kann man auch ein kleines Fest zusammen feiern (Anstossen bei Cola und Chips).

Hintergrundüberlegung:

- Man muss sich als Moderator bewusst sein, dass die Rollen nicht immer so klar sind.

  Oft hat das Opfer eine Verursacherwirkung (Täterkomponente) und der Täter sieht sich in einem Rollenzwang (Opferkomponente), indem er von der Peer-Group in diesem Schikaneverhalten bestärkt, dazu gedrängt wird und fürchtet, als uncool zu gelten, wenn er aufhört. Oft erlebte ich am Ende des Prozesses ebenso starke Erlösungsgefühle bei den Tätern wie beim Opfer.

- Die Rolle des Moderators ist eine Anwaltschaft für die Würde aller. Die Verurteilung des Täters ist tabu (keine Schuldzuweisungen > siehe Bezeichnung der Methode).

- Entspannte Atmosphäre, betonte Wichtigkeit der Teilnehmenden (Sitzungsatmosphäre vielleicht mit Getränken) ist sehr hilfreich.

- Ich nehme als Moderator die Sache absolut ernst. Es handelt sich bei «No Blame Approach» nicht um ein Rollenspiel, sondern um den Ernst des Lebens!

Was heisst Erziehung?

Erziehung ist im weiteren Sinn zielgerichtete Einflussnahme von Erwachsenen auf Kinder. Was sind dabei unsere Ziele: Wollen wir willfährige Untergebene oder streben wir selbständige, willensstarke, gesunde Persönlichkeiten an?

Wir müssen uns stets der Vielschichtigkeit unseres Handelns bewusst sein: Was wir als Erziehende tun, hat selten nur eine Wirkung. Mit dem Tunnelblick eines autoritären Erziehers übersehen wir all die Kollateraleffekte, die unser Handeln nach sich zieht: Wenn wir heute Morgen erziehen, beeinflussen wir das Lernen von heute Nachmittag. Deshalb kann die erziehende Person, wenn sie fördern will, auf sorgfältig reflektierende Selbstbetrachtung nicht verzichten.

Wenn wir in der Folge die drei wichtigsten Einflussstrategien und deren Wirkung betrachten, muss vorausgeschickt werden, dass das vorpubertäre Kind zumeist intensiv bestrebt ist, den Erziehenden zu gefallen, ihre Liebe und Anerkennung zu gewinnen.

Dieses Bestreben nach einvernehmlicher Harmonie, das einfühlsame Erziehende auch in sich selbst spüren, müssen sie kritisch hinterfragen, wenn die Gefahr besteht, dass das Gefallenwollen wichtiger wird als das erzieherische Wirken.

Die positive Verstärkung

Auf erwünschtes Verhalten erfolgt ein Lob. Die Bestärkung hat zur Folge, dass dieses Verhalten des erneuten Lobes wegen wiederholt und optimiert wird. Zudem ist das Gefühl von Wissen und Handlungskompetenz für Kinder wie Erwachsene überaus angenehm.

Was ausserdem für den Einsatz der positiven Verstärkung spricht, ist der Umstand, dass ein Kind sich oft unpassend verhält, weil es das richtige Verhalten schlicht noch nicht hinreichend beherrscht und nicht, weil es provokant oder renitent sein will.

Jedes Kind will lernen – unsere Freude daran ist ein wichtiger Motor.

Ignorieren

Verhält sich ein Kind bewusst provokativ oder verwendet es beispielsweise ungehörige Begriffe, ohne deren Sinn zu kennen, kann das Ignorieren dieses Verhaltens bewirken, dass die Provokation jeglichen Reiz verliert und in der Folge unterlassen (oder schlicht vergessen) wird.

Diese Massnahme kann aber heikel werden, wenn das Kind die Konsequenz unserer Grenzsetzungen testen will. Es wird verunsichert und wird sich durch weitere, vielleicht massivere Provokationen Klarheit verschaffen wollen.

Negative Verstärkung

Diese Erziehungsmassnahme ist in unserem Kulturraum sehr populär und wird oft mit
strenger Erziehung in Opposition zu inkonsequentem Laisser-Faire gleichgesetzt. Es
kann durchaus hilfreich sein, wenn ein Kind bei einer Grenzübertretung durch eine
angemessene Aktion der Erziehenden an vereinbarte Regeln erinnert wird. Es ist gewiss
auch wirksam, wenn sich das Kind eines Fehlverhaltens bewusst ist und eine Wiedergutmachung leisten muss (oder aus psychohygienischer Sicht *darf*).

Wichtig hierbei ist aber, dass das Urteil strikt auf das Verhalten und nicht auf die Person
zielt («Du hast da etwas Böses getan» und nicht «Du bist ein böses Kind»).

Weiteren Einfluss auf die Nachhaltigkeit unserer Massnahmen und auf unser ganzes
Erziehungsprojekt haben auch Aspekte wie Körpersprache, innere Haltung, eigene
Befindlichkeiten, Selbstsicherheit in der Erzieherrolle und vieles mehr:

Hier ein paar Gegenüberstellungen:

Nachhaltiger	Wirkungsarm oder kontraproduktiv
Ruhige, freundliche, aber bestimmte Ansage	Affektierte, wütende Ansage, ausrasten
Strafe mit Bezug zum Vergehen (bzw. Wiedergutmachung)	Isolierte Strafe, Liebesentzug, Schmerz zufügen, demütigen
Sofortige Massnahme	Massnahme mit Strafaufschub (z. B. Punktesystem mit Strafe Ende Woche)
Verhalten bestrafen	Person bestrafen
Wohlverhalten belohnen	Fehlverhalten bestrafen
Grundsätzliche Beziehungspflege	Emotionale Distanz
Zuwendend, auf Augenhöhe	Abgewandt, von oben herab
Wohlwollende, wertschätzende Konsequenz	Liebesentzug, Kälte

Lob und Tadel

Das Leben ist ein permanenter Lernprozess. Hierbei sind sowohl äussere Einfluss-
nahmen auf unser Verhalten (Rückmeldungen, Verweise, Strafen) wie auch innere,
autonome Lernprozesse (Reflexion, Vorsätze, Änderungsstrategien) bedeutsam.
Kinder sind selbstredend in den meisten Lebensbereichen noch recht unerfahren.
Eine intensive Prozessbegleitung von uns Erwachsenen ist deshalb unverzichtbar.
Da erscheint es unvermeidbar, dass wir Erwachsene unsere Einflussnahme auf die
Kinder einer Effizienzprüfung unterstellen.
Das erwünschte Zielverhalten vor Augen, unterliegen wir Erwachsene oft der Versu-
chung, das aktuelle Fehlverhalten zu tadeln. Kleine Kinder neigen bei Lob und
Tadel oft zu überraschenden Reflexen: Lob verbindet es mit geliebt werden, Tadel
mit abgelehnt werden. Eine Bezugnahme zu seinem Handeln macht es oft nicht. Es
ist also wichtig, dass wir emotional möglichst gelassen auf das Handeln des Kindes
eingehen, den Sinn des Wohlverhaltens beschreiben und Vereinbarungen treffen.
Auch eine klare, aber entspannte Ansage des geforderten Verhaltens kann hilfreich
sein. Auch das zielt klar auf das Verhalten und nicht auf das Kind selbst. Wenn
möglich soll der Erziehende kränkende Effekte vermeiden, weil sie das Kind vom
Wohlverhalten eher entfernen, während wohlwollend sachlicher oder humoriger
Tadel das Verhalten selbst (und nur dieses) ins Zentrum rückt.

Beispiel aus dem Schulalltag:

Kränkender Tadel: Die Zweitklässler haben in der Recht-
schreibung Grundsätze wie *den Punkt am Satzende* aus-
giebig geübt. Deklarierterweise erwartet die Lehrperson nun
die Einhaltung dieser Regeln. Kind A kommt zur Korrektur
zur Lehrperson. Der Punkt fehlt! Die Lehrperson reagiert
gereizt mit dem Satz: «Wie oft muss ich dir noch sagen, dass
am Ende jeden Satzes ein Punkt kommt!» Kind A nimmt
zwar wahr, dass es einen Fehler gemacht hat. Überwiegen
wird aber das Gefühl, abgelehnt worden zu sein. Es gerät
in ein Oppositionsgefühl und die Punktregel rückt in den
Hintergrund.

Wohwollender Tadel: Kind B kommt ebenfalls ohne Punkt zur Korrektur. Die Lehrperson deckt augenblicklich das Heft ab und zeigt auf das Ende des Satzes mit den Worten: «Ups, da fehlt ja noch was. Mach doch noch schnell den Punkt hin, bevor es jemand sieht. Da hast du Schwein gehabt, dass nur wir zwei das bemerkt haben. Das nächste Mal hast du's im Griff.» Kind B fühlt sich von der Lehrperson geschätzt und ist von der Situation amüsiert. Es befindet sich emotional in einer gleichsam konspirativen Übereinstimmung mit der Lehrperson und die Punktregel ist aktuell das wichtigste gemeinsame Anliegen.

Die Rolle des Glücks

Glücklich sein ist eine sehr umfassende und gleichzeitig ausschliessliche Gefühlslage. Glück könnte ungefähr wie folgt beschrieben werden:

- frei von Hindernissen und Zwängen, Ängsten und Nöten
- generell frei von unangenehmen Gefühlen
- voll von schönen Gefühlen
- sich aufgehoben und sicher fühlen
- am Leben grundsätzlich Gefallen finden
- sich und anderen in Zuversicht vertrauen

Kleinkinder haben keine Minderwertigkeitsgefühle, keine Konsum- oder Leistungszwänge, keine Vorstellung von Lebenssinn und -zielen und sind eigentlich glücklich. Als Erwachsene am Ende einer schulischen Bildungskarriere können wir das nicht mehr ohne Einschränkungen behaupten.

Heisst das jetzt, dass die Schule diesen Glücksverlust zu verantworten hat? Wenn das stimmen würde, hätte ein frohes Steinzeitkind oder ein aufgestelltes Bauernkind des Mittelalters, das ohne schulische Bildung aufwuchs, auch als Erwachsener diese Glückseligkeit behalten müssen. Das glaubt wohl niemand, zumal auch mancher Schulabgänger von heute von einem sehr weitreichenden, tiefen Alltagsglück zu berichten weiss.

Schon ein Kind stellt fest, wenn es älter wird, dass das Leben sich wenig um sein individuelles Glück schert und dass Krankheiten, widrige Wetterlagen, mitmenschliche Begehrlichkeiten, soziale Zwänge, Unglücksfälle und vieles mehr in sein Leben eingreifen und den Traum von beständigem Glück stets von Neuem zerstören.

Es gibt Menschen, die angesichts dieses Umstandes in Fatalismus und Bitterkeit verfallen. Andere anerkennen mit Demut den Wechsel von Glück und Leid als natur- oder gottgegeben.

Ein glücklicher Mensch, das haben wir ausführlich erörtert, lernt besser als ein niedergeschlagener. Was soll jetzt das Bestreben der Schule und des familiären Umfelds in diesem Kontext sein? Sollen Erziehende und Bildende auf alles Glücksmindernde verzichten, um dieses Urglück zu erhalten? Wohl kaum. Vielmehr soll die Entwicklung junger Menschen auf die Ausprägung einer stabilen Resilienz[3] und ein von Vertrauen und Zuversicht erfülltes Lebensbild zielen. Sie sollen erkennen, dass im Leben vieles, aber nicht alles in den eigenen Händen liegt, dass es zuweilen auch einer gesunden Demut bedarf, wenn das Leben unerwünschte Wege geht.

Genauso wie wir die Kinder in die Weisheiten von Mathematik, Sprache und Kultur einführen, müssen wir sie täglich auf dem Weg zu einer realistischen Lebenssicht begleiten.

---

[3] Resilienz ist die Fähigkeit, mit den Widerlichkeiten des Lebens geeignet umzugehen.
Hinweis dazu: Daniel Hess, «Glücksschule – Glücklich leben & freudvoll lernen», novum pro, 2015

*Versuche nicht zu sein
wie die anderen, denn andere
gibt es schon genug.*

*Eckart von Hirschhausen,
deutscher Mediziner, Comedian und Schriftsteller*

Der Lehrende

Authentisch sein

Wer kennt sie nicht: Die süsslich Netten, dienerisch und ach so wohlwollend, denen wir ihre Menschenliebe nicht recht abnehmen mögen. Wir spüren, dass ihr zugewandtes Verhalten eben nicht einem philanthropischen Wesen, sondern lediglich einem Rollenverständnis entspringt.

Als Erwachsene reagieren wir wohl leicht irritiert und versuchen diese Menschen eher zu meiden. Die Irritation wird sich aber in Grenzen halten, da wir dank Lebenserfahrung dieses Verhalten leicht einordnen können.

Wenn sich Erziehende aufgesetzt und künstlich verhalten, merken auch Kinder sehr wohl, dass da etwas nicht stimmt. Es fällt aber insbesondere den Kleinen schwer, dieses Unbehagen zu durchschauen, zumal sie den Erziehenden kaum entfliehen können. Und gerade die emotionale Distanz zwischen Lehrendem und Lernendem ist für das Lernen selbst tödlich.

Unser Charakter ist eine Summe von Wesenszügen und gleichzeitig die Summe der Wechselwirkungen zwischen diesen Eigenschaften. Vieles, was uns ausmacht, hat seine Wurzeln ganz früh in unserem Leben; je nach Theorie reichen diese bis in vorgeburtliche Zeit zurück. Wir können im Verlauf unseres Lebens Stärken ausbauen, Mangelhaftes optimieren und Eigenschaften gewinnbringender austarieren. Es fällt uns aber schwer, Eigenschaften gleichsam aus dem Nichts zu generieren oder andere gänzlich zu löschen.

Authentisch sein heisst also auch, mit dem uns eigenen Eigenschaftenkatalog zu leben und zu versuchen, daraus das Beste zu machen. Sollten wir feststellen, dass dieser Katalog sich mit unserem Beruf wenig vereinen lässt, drängt sich wohl eher ein Berufswechsel als das Antrainieren eines «Bühnenverhaltens» auf.

Ich versuche zu sein wie ich bin – denn die anderen sind sowieso alle anders!

Sympathie für Schüler und Inhalt

Gerade im Kontext des Authentizitäts-Gebots ist es unverzichtbar, dass die Lehrperson ihre Schülerinnen und Schüler mag. Sie muss aber auch wissen, dass sie diese nicht alle gleich gut mag und dass das normal und moralisch legal ist.

Sie muss aber ihr Sympathieverhalten immer wieder kritisch hinterfragen und die Balance zwischen Authentizität und Wohlwollen finden:

- Liebe ich den Umgang mit meinen Schülern oder eher die Rolle und den Status, die mir dieser Umgang mit ihnen bescheren?
- Ist mir ihr Sein und Werden ein Anliegen oder geht es mir mehr um meine Botschaft, meine Verwirklichung?
- Sehe ich mich in der Rolle eines Coachs für meine Schüler, strebe ich eigentlich und ausschliesslich deren weitreichende Unabhängigkeit (und damit meine eigene Entbehrlichkeit) an oder geniesse ich ihre Abhängigkeit?
- Strebe ich Selbstwirksamkeit und Eigenständigkeit des Schülers an oder die Vertiefung meiner Macht?
- Kann ich erst mal den Schüler in *seiner authentischen Wesensstruktur* akzeptieren und will ich ihn auf *seinem Weg* begleiten oder will ich aus ihm einen anderen Menschen machen?

Genauso wie die Sympathie für unsere Schüler ist auch ein Interesse an den Inhalten unverzichtbar. Wenn wir dem Bild von Aristophanes[4] zustimmen, dass Lernen mit dem «Entfachen eines Feuers» vergleichbar ist, muss klar sein, dass wir als Lehrende für unsere Inhalte «brennen» müssen – wie sollten denn sonst unsere Lernenden «Feuer fangen»?

Aber eigentlich reicht die Sache noch viel weiter. Auch der ganze Metabereich des Lernens, jede Neugier, jede kleine Erkenntnis, jedes Begreifen, jeder Schritt in die Selbständigkeit, jeder Reifezuwachs unserer Lernenden sollte *uns* entflammen.

Unsere emotionale Teilhabe am Lerngeschehen ist mehr als eine Zustimmung. Sie ist letztlich Streichholz und Brandbeschleuniger für ein begeistertes Lernen.

Nur wer freudvoll lernt, lernt auch nachhaltig. Und nur wer freudvoll lehrt, lehrt auch nachhaltig.

---

[4] Aristophanes, altgriechischer Dichter: «Menschen bilden bedeutet nicht, ein Gefäss zu füllen, sondern ein Feuer zu entfachen.»

Vorbild

Die einschlägige Forschung hat klar gezeigt, dass Verhalten im weiteren Sinn weniger durch Erziehung als vielmehr durch das Vorbild des Erziehenden vermittelt wird. In der Schule erleben die Kinder täglich den Umgang der Lehrperson mit Stärken, Schwächen, Pflichten und Grenzen. Sie erfahren ihre Haltungen, Tugenden, Ideale, Interessen. Sie sehen ihr Verhalten mit Kindern und Erwachsenen, ihre Strategien zur Konfliktbewältigung – eben all ihr Handeln und Sein.

Oft bemühen sich Lehrpersonen etwa zur Verbesserung von Disziplin oder Verlässlichkeit ihrer Klasse um grösste erzieherische Strenge, ohne wirklich Erfolge zu verzeichnen. Sie neigen dann dazu, diesen Misserfolg der Renitenz des Schülers, der Fehlerziehung im Elternhaus oder sonst einem Umstand ausserhalb ihrer Reichweite zuzuschreiben.

Vielleicht muss sich der Lehrende aber einfach fragen, was für ein Vorbild er abgibt! Dies gilt für Eltern in einem unvergleichbar grösseren Mass, spielt ihr Vorbild doch beinahe in das ganze kindliche Leben hinein.

Wenn es Erziehenden gelingt, Konflikte würdevoll und nachhaltig zu lösen, werden die Kinder ihre Strategien übernehmen. Wenn die Erziehenden zu eigenen Fehlern stehen können und an deren Verbesserung redlich arbeiten, werden auch die Kinder konfrontativer und konstruktiver mit ihren Fehlern umgehen können. Wenn die Erwachsenen humorvoll und gelassen durch den Tag gehen, erheitert und erleichtert dieses Vorbild auch den inneren Dialog des Kindes.

Sind wir Erwachsene für die Kinder Sympathieträger, werden sie uns vieles nachmachen wollen, vielleicht werden sogar ganz nebensächliche Dinge wie Kleider- oder Essvorlieben in ihr Verhalten Eingang finden.

Leisten wir uns also gelegentlich mehr Reflexionszeit über unser Vorbild als über unser Erziehen. Ganz im Sinne von Carl Valentin, der einmal sagte: «Wir können Kinder nicht erziehen, die machen uns eh alles nach.»

Haltungen

Fördern ist weniger die Summe von Handlungen, vielmehr ist es eine Summe von Haltungen. Das Rollenverständnis, ja die Rollenverteilung zwischen Lehrenden und Lernenden entscheidet oft mehr über den Fördererfolg. Gelungene Konzepte und raffinierte Strategien scheitern, wenn ungünstige Haltungen des Fördernden im Weg stehen.

Die folgende Liste will eher richtungsweisend denn vollständig sein:

- Die fördernde Person befindet sich in stetem Dialog mit dem Kind. Lernen findet prinzipiell immer auf beiden Seiten statt. Ein guter Förderpädagoge fördert sich durch jegliches Fördern stets auch selbst. Fördern heisst immer hören, beobachten, überhaupt wach und achtsam sein.
- Man muss sich als Fördernder vom Anspruch grenzenloser Machbarkeit verabschieden zu Gunsten einer Demut im Sinne von Step by Step. Nicht das vorgefasste Generalkonzept, sondern eine immer neu reflektierende und achtsam antizipierende Sicht auf den nächsten Schritt wird fokussiert.
- Rezepthafte Modelle sind im Sinne eines zwingenden Kausalzusammenhangs von Lehrhandlung und Lernerfolg untauglich. Vielmehr soll sich eine empirische Erfolgshoffnung einstellen, die durch ständige Überprüfung kleine Lernerfolge bestätigt und weiterführt (was funktioniert hat, probieren wir erneut).
- Die heitere Zuversicht aller Beteiligten ist oft wichtiger als die schiere Menge an Gelerntem.
- Stellt die Abnehmerschule anlässlich des Stufenwechsels Schwierigkeiten fest, ist die Frage der Schuldfindung vorerst letztrangig, die Lösungsfindung geht vor (also nicht die Frage «was hat wer versäumt», sondern «was kann *ich* tun»).
- Sätze wie «Ich erwarte von einem Drittklässler, dass ...» sind letztlich im Rahmen integrierender Schulmodelle abwegig. *Den* Drittklässler gibt es nicht!
- Der Dialog soll auch ausserhalb des Gespanns Lernender/Lehrender stattfinden. Im interdisziplinären oder multiprofessionellen Umfeld ergeben sich oft nicht nur Lösungsansätze, sondern auch ganz neue Sichtweisen.
- Der Fördernde soll stets das Ziel vor Augen haben, sich mit seiner Arbeit unnütz zu machen, zu Gunsten einer Selbstförderung der Geförderten. Fördern heisst immer auch das «Lernen» selbst lehren.

Autorität, Regeln, Grenzen, Strafen

Regelhaftigkeit und Rechtssicherheit sind wichtige Wohlfühlfaktoren für das Leben in einem Rechtstaat. Die Grundsätze sollen auch in unseren Bildungsinstitutionen gelten. Die Lehrenden nehmen da gleichsam die Rolle eines Schiedsrichters ein.

Massnahmen zur Einhaltung der Regeln sind unverzichtbar und sind ein natürliches Mittel in allen sozialen Strukturen von Menschen. Zur vorher diskutierten Vorbildfunktion des Lehrenden gehört also auch eine klare Haltung gegenüber der Verbindlichkeit von Vereinbarungen.

Die meisten unserer Bildungsgefässe sind als Gruppenform angelegt (Schule, Sport, Theaterschule, oft auch Musikunterricht, …). Die Rollensituation hierbei ist eigentlich klar: Meist eine Person steht inhaltlich und sozial führend einer mehr oder weniger heterogenen Gruppe von Lernenden gegenüber. In Gruppen entstehen immer Reibungen, Konflikte oder gar Verletzungen. Die führende Person muss diese Ereignisse sinnvoll managen, nicht nur im Sinne einer akuten Problembeilegung, sondern auf eine kompetenzsteigernde Eigenverantwortlichkeit der Lernenden abzielend.
Die Förderqualität der Gruppenbildung steigt und fällt mit der Führungskompetenz der leitenden Person.

Diese Grundlagen sind unverzichtbar oder zumindest beachtenswert:

Autorität

- Autorität ist stark von inneren Haltungen abhängig, von einer reifen und stabilen Persönlichkeit und hoher Authentizität der Autoritätsperson.
- Ein klares Rollenbewusstsein ist wichtig. Wer eine Führungsrolle innehat, muss auch führen. Autorität wird auch durch ein klares Rollenverhalten transportiert.
- Autorität hat viel mit Verlässlichkeit zu tun, sowohl emotional-empathisch wie auch bezüglich Fach- und Fertigkeitskompetenz.
- Autorität ohne Liebe und Respekt verkommt schnell zum hohlen Dressurprogramm mit oft sehr beschränkter Nachhaltigkeit.
- Eine im obigen Sinn tragfähige Autorität stiftet Geborgenheit und Sicherheit.

Grenzen und Regeln

- Grenzen und Regeln müssen klar definiert, begreifbar und handhabbar sein.
- Grenzen beschreiben eine Linie rund um eine mehr oder weniger freie «Bedienbarkeit».
- Grenzen und Regeln sind diskutierbar, sollten aber grundsätzlich Bestand haben und nur in vordefinierten Foren (z.B. Klassenrat, Teamsitzung, …) besprochen werden.

- So viele Regeln wie nötig – so wenige wie möglich.
- Die meisten Regeln sollten für Lernende wie Lehrende gelten (z.B. Arbeitslautstärke im Klassenzimmer)
- Ausnahmen sollen begründet, begreifbar sein.
- Gerechtigkeit hierbei heisst eher «jedem das Seine» als «alle durchs gleiche Loch».

Viele Erziehende scheuen das klare Einfordern von Grenzen und Regeln, weil sie einen Liebes- bzw. Achtungsverlust fürchten. Es ist aber gerade umgekehrt: Wer Grenzen und Regeln klar einfordert, verschafft sich Achtung und wird zum festen und respektierten Wert. Wer es nicht tut, verwirrt, verkommt gar zur «Witzfigur» und verdirbt sich so Liebe und Achtung der Gruppe.
Zudem entsteht ein Vakuum, das dann von den Stärksten in der Gruppe gefüllt wird.
Sind das die Verantwortungsvollen, kann das noch angehen, sind es aber die «Übergriffigen», die das Heft in die Hand nehmen, leiden vorab die (eigentlich mit der Führungsperson kooperierenden) Regelwilligen und Arbeitsamen, bei sachlicher Betrachtung aber die Usurpatoren auch selbst.

Strafen

- Strafen nur, wenn nötig (wenn die Schuldeinsicht fehlt, ein Schaden entstanden ist, Leid verursacht wurde).
- Strafen dürfen nie demütigen und sind keine Machtdemonstration der Führungsperson.
- Strafen sollen angemessen und fürs Kind nachvollziehbar sein.
- Strafen sollen bei fehlender Einsicht die Schuldhaftigkeit eines Verhaltens sichtbar machen, Schaden wieder gut machen oder den Leidtragenden trösten.
- Falsch ist die Tat, nicht der Mensch.
- Strafen möglichst ruhig anordnen (nicht im Affekt). Im Affektfall eher Bedenkzeit anmelden.
- Es kann auch durchaus sinnvoll sein, dem Kind selbst das Ausdenken einer angemessenen Strafe zu überantworten.
- Nach geleisteter Strafe ist es unverzichtbar, das emotionale Verhältnis zwischen Erzieher und Kind wieder zu bereinigen (z.B. «Das ist toll, dass du die verschmutzte Mütze von X ganz alleine gewaschen hast» oder «Schaut mal Kinder, was sich Y für eine megacoole Strafarbeit ausgedacht hat!»)
- Auch in Konfliktsituationen sollen Erzieher Vorbilder sein. Sie sollen zeigen, dass

Konflikte konstruktiv und mit würdevollem Ausgang für alle Beteiligten gelöst werden können. Man soll hierbei milde im Ton, aber straff und klar in der Führung verfahren.

- Eine gut gemeisterte Krisensituation (siehe S. 31 Konfliktlösung) kann sowohl die emotionale und soziale Reifung des Kindes wie auch die Tragfähigkeit der Beziehung zwischen Erzieher und Kind fördern.

Wohlfühlschule – auch für Lehrende

Menschen in Lehrberufen, in sozialen Berufen überhaupt, wird oft etwas flapsig ein Helfersyndrom unterstellt. Leisten wir uns den kritischen Rundumblick durch diese Berufslandschaft, entsteht bald der Verdacht, dass dies zumindest in der Tendenz durchaus zutrifft.

Wie wäre dann dieses Syndrom zu umschreiben? Es handelt sich um ein seelisches Problem, das in der Psychologie und Psychotherapie auch als altruistische Abtretung beschrieben wird. Oft ist der Betroffene auf seine Helferrolle fixiert, ja sie ist geradezu eine Sucht. Das Ziel der Hilfeleistung ist nicht eigentlich die Unterstützung des Bedürftigen, sondern die aus der Hilfehandlung resultierende Stärkung des Selbstbewusstseins des Helfenden. Es ist also nicht zu verwechseln mit der professionellen Hilfeleistung, die eben gezielt dem Hilfebedürftigen dienen soll.

Gewiss ist die Unterstellung der Gesellschaft oft unangemessen, denn Lehrerin X oder Sozialarbeiter Y sind einfach engagierte und professionell handelnde Berufsleute fern der emotionalen Selbstsanierung im Sinn einer altruistischen Abtretung. Und doch scheint es mir angezeigt, dass Förderprofis eben diesen professionellen Blick auf den Adressaten ihrer Hilfe im Auge behalten und Ansätzen eines Helfersyndroms keine Chance bieten. Als Folge dieses krankhaften Bemühens werden Depressionen und Burnout genannt. Wollen wir Erzieher unseren Kindern als starke Partner und kompetente Begleiter zur Verfügung stehen, müssen wir auf unsere Gesundheit achten, weil echt förderndes Verhalten Gesundheit einfach voraussetzt. Es ist also verfehlte Liebe gegenüber unseren Kindern, wenn wir den Winkelried[5] geben und uns für die Kinder opfern. Vielmehr muss unsere Losung sein: Liebe dein Schulkind *und* dich selbst.

---

[5] Sagenfigur aus der Schweizer Geschichte, die sich in der Schlacht von Sempach heldenhaft in die Speere der Gegner warf und mit ihrem Opfertod das Blatt wendete.

Lehrerverhalten – förderlich oder hemmend

Fördernd fürs Fördern	Hemmend fürs Fördern
Wertschätzung, Respekt, Achtung	Geringschätzung
Wärme, Humor	Emotionale Kälte, emotionale Sprödheit
Weitreichende Mitbestimmung des Schülers	Einengung durch Überbehütung oder Überkontrolle
Kooperation (gemeinsame Strategieplanung)	Dirigismus (grosses Gefälle bezüglich Verantwortung und Lenkung)
Verbindliche Vereinbarungen und Regeln	Regellosigkeit, Beliebigkeit
Pflege von Ritualen, klasseninternes Brauchtum	Alles immer gleich, alles jedes Mal anders
Agile, personenbezogene Konzepte	Rezepthafte, rein systembezogene Konzepte
Zuversicht, Ermunterung, Zuspruch	Drohungen, häufiges Strafen
Kleine Schritte, kleine und erreichbare Ziele	Sturer Fokus auf ein Endziel
Vordringliche Erhebung der vorhandenen Stärken	Vordringliche Erhebung der vorhandenen Defizite
Geteilte Verantwortung	Verantwortung nur beim Lehrenden oder nur beim Lernenden
Autoritativer Erziehungsstil	Autoritärer, antiautoritärer und distanzierter (emotionsarmer) Erziehungsstil
Lernfreude, intrinsische Motivation	Lernzwang, extrinsische Motivation
Lehrfreude beim Lehrenden	Simple Pflichterfüllung des Lehrenden
Entwickelte Selbsteinschätzung des Geförderten	Dominierende Fremdeinschätzung durch den Fördernden
Wohlbehagen, Freiwilligkeit	Unbehagen, Zwang
Gesundheit des Lehrenden, professionelle Helferhaltung	Helfersyndrom
Ruhe, Gelassenheit, Pragmatismus	Aktionismus, Hektik, Voreiligkeit

Die Hattie-Studie

Die 2009 nach 15-jähriger Forschungszeit veröffentlichte Studie von John Hattie zeitigte teils erwartungsgemässe, teils überraschende Ergebnisse. Hattie hatte die Absicht, auf rein empirischer Basis der Frage auf den Grund zu gehen, welche Faktoren schulisches Lernen günstig beeinflussen. Die zentralste Erkenntnis ist gewiss die, dass die Lehrperson auf die Schülerleistung einen vorrangigen Einfluss hat.

*Die hierbei erkannten **Qualitäten** sind für den Aspekt des Förderns von ausschlaggebender Bedeutung und sollen hier zusammengefasst werden:*

- Die Lehrperson kommuniziert klar, veranschaulicht gut, setzt nachvollziehbare Ziele.
- Direkte Instruktion: Damit ist nicht eigentlich Frontalunterricht, sondern eine Form von Modelllernen gemeint, welches auf eine wachsende Selbständigkeit der Lernenden abzielt.
- Die Lehrperson pflegt eine achtsame Feedback-Kultur ganz nahe beim Lernen des Einzelnen. Feedback bezieht sich hier nicht alleine auf den Lernstand bezüglich Inhalt und Fertigkeit, sondern auch auf den Lernweg, die Lernart selbst.
- Die Erwartungshaltung der Lehrperson bezieht sich auf das Lernen des Einzelnen, beziehungsweise setzt dieses voraus, und zwar im Sinne eines positiven und angemessenen Forderns und nicht als ein Über-Fordern. Die Leistbarkeit eines Ziels für den Einzelnen ist wichtig, weniger ein kollektives Lehrplanziel.
- Der positiven Bewertung des zu vermittelnden Inhalts durch die Lehrperson kommt eine beachtliche Bedeutung zu. Bin ich als Lehrperson von der Wichtigkeit, vom Reiz der Inhalte überzeugt, hat das grossen Einfluss auf die Lernqualität.
- Den höchsten Wirksamkeitswert ermittelte Hatties Team bei der Beziehung zwischen Lehrenden und Lernenden. Eine gute Lehrer-Schüler-Beziehung erhöht die Wahrscheinlichkeit des Lernerfolgs wie keine andere Grösse.

*Was sind Aspekte, woran man eine gute **Lehrer-Schüler-Beziehung** festmachen kann? Der Konsens aus verschiedenen Quellen wird hier zusammengefasst:*

- Empathie, Warmherzigkeit, Humor
- Ermunterung, Begleitung, Wertschätzung
- Authentizität

- Nicht direktiver Erziehungsstil: Lehrverhalten, das auf Mitverantwortung des Lernenden, auf dialogischer, agiler Didaktik und individualisierter Zieldefinition basiert und sich ganz an der Person des Lernenden orientiert.

Der letzte Punkt verbessert gleichermassen die Lerneffizienz wie die Beziehungsqualität. Dazu John Hattie: «In Klassen mit personenzentrierten Lehrpersonen gibt es mehr Engagement und mehr Respekt untereinander, sodass seltener aufsässiges Verhalten auftritt.» (Hattie 2013, 142f.)

Wichtig sind auch Erkenntnisse, die bisher bevorzugte Aspekte des Lernerfolgs mehr oder weniger aus dem engsten Kreis verdrängen:

- Der Einsatz von konkreten didaktischen Modellen ist kein Garant für Lernwirksamkeit.
- Der Vorbereitungsaufwand erfährt wenig Niederschlag im Lernen, wenn die oben erwähnten Beziehungsaspekte mangelhaft sind.
- Auch der Einsatz von Medien (Computer, Anschauungsmittel, Lernspiele, …) lässt sich, was den Lerneffekt anbelangt, nicht vom stützenden Beziehungsumfeld trennen.

Wichtige Anmerkungen am Rand:

- Hatties Studie bezieht sich auf Schulstrukturen, die sich zum Teil stark von den Schweizerischen unterscheiden. Im Detail wäre eine genauere Betrachtung unter diesem Gesichtspunkt wohl notwendig.
- Die Studie bezog sich nur auf den Wissenserwerb in den Hauptfächern und liess naturwissenschaftliche, musische und andere Fächer aussen vor.
- Die Studie wird oft (gerade in der Politik) zur Kritik an konstruktivistischen und offenen Lehrmethoden missbraucht. Man versucht in einer Art Konterrevolution alte autoritär-dirigistische Methoden vor reformpädagogische Formen wie Individualisieren, kooperatives Lernen oder dialogische Didaktik zu stellen. Hatties Studie bewertet aber gerade diese klar positiv, was deren Lernwirksamkeit anbelangt.
- Die Hattie Studie enthält eine Rangliste von inzwischen (die Liste wird immer wieder aktualisiert) 252 Einflussgrössen. Es besteht nun die Gefahr, dass sich jeder in dieser Liste bedient, um seine Argumente damit zu untermauern. In diesem verkürzenden Sinn verwendet, war schon oft von «Fast-Food-Hattie» die Rede.

- Die Studie ist zwar einerseits beinahe eine Heiligsprechung einer guten Lehrperson, setzt diese aber auch unter einen unglaublichen Druck, denn: Gelingt Schule beim einzelnen Kind nicht, wird voreilig die Lehrperson schuldig gesprochen.

Meine persönlichen Schlüsse als Pädagoge aus der Hattie-Studie:

- Meine Lehrarbeit ist vorab ein stetes Arbeiten an mir selbst.
- Mein Erfolg misst sich am Wohlergehen des Lernenden, bezogen auf sein Lernen und seine Gefühlswelt.
- Ich soll mich weniger von didaktischer Tradierung als von der Lernwirksamkeit meines Tuns leiten lassen.
- Es ist also unverzichtbar, meine Arbeit ständig zu evaluieren. Dies kann zum einen Mehrarbeit bringen, zum anderen aber auch unnütze und damit verzichtbare Vorbereitungsarbeiten entlarven.
- Meine Einstellung zum Lernenden ist mehr durch seine aktuellen (vielleicht kleinen) Schritte geprägt und soll nicht ständig durch ein Fernziel belastet werden. Der permanente Gedanke an Letzteres forciert womöglich eine unrealistische Erwartungshaltung und gefährdet eine aufmunternde Grundhaltung und damit den Lernerfolg.
- Den oben erwähnten Beziehungsaspekten liegt aber zwingend eine Stimmigkeit in mir selbst zugrunde. Es ist also nötig, dass ich meinem eigenen Wohlergehen und meiner Gesundheit grosse Beachtung schenke. Eine masslose Opferbereitschaft für die Lernenden schadet mehr als sie nützt.
- Meine Rolle als Lehrender erschöpft sich nicht in der eines freundlichen Schulterklopfers. Vielmehr muss ich als Fachperson des Lernens dieses dem Schüler sichtbar machen, ihm seine Stationen, seine Schritte zeigen, Zwischenerfolge markieren, nächste Schritte vorschlagen. Der Lehrer ist aus Hatties Sicht weniger ein Moderator als vielmehr ein Regisseur.
- Aufgrund dieses Bildes könnte man sagen: Ich als Lehrender präge das Spiel, aber es ist der Schüler, der spielt. Ich bin nicht jener, der das Lernen gleichsam *macht*. Ich organisiere das Umfeld, erzeuge begünstigende Einflüsse, ich wirke induktiv.
- Um mir selbst meine Wirksamkeit immer wieder vor Augen führen zu können, brauche ich Evaluationshilfen von aussen. Ich brauche die Rückmeldung der Lernenden, die Eindrücke von Besuchern (Eltern, Hospitanten, Studierende, …) und vor allem eine kollegiale Unterrichtsbeobachtung und -begleitung. Letzterem ist grosse Beachtung zu schenken. Neben einer individuellen Weiterbildung sollte für Lehrpersonen auch ein Intervisionssystem Standard sein.

Es ist nicht gesagt,
dass es besser wird,
wenn es anders wird.
Wenn es aber besser werden soll,
muss es anders werden.

Georg Christoph Lichtenberg,
deutscher Mathematiker, Physiker und Aphoristiker

Der Lernende

Von Lichtenbergs Aphorismus ausgehend können wir also sagen, dass wir als Lehrende schwerlich umhinkönnen, auf den Lernenden verändernd einzuwirken. Unser Umgang mit ihm ist stets ein manipulativer. Wir begegnen ihm in einer Absicht, von deren positiver Wirkung wir überzeugt sind, die dem Lernenden aber in ihrer ganzen Dimension häufig nicht erschliessbar ist. Wir sind die Profis des Lehrens, wir sind die Didaktiker[6].

All unsere Einflussnahme muss aber stets darauf abzielen, den Lernenden dahingehend zu beeinflussen, dass er zusehends unabhängiger, selbständiger wird. Wir müssen uns Schritt für Schritt gleichsam überflüssig machen, derweil sich der Lernende nicht nur Inhalte und Fertigkeiten aneignet, sondern auch zum Meister des Lernens selbst, zum Mathetiker[7] wird.

Als Lehrende müssen wir eine Änderung im und am Lernenden wollen, weil es einerseits unsere amtlich verfügte Aufgabe ist, aber auch und vor allem, weil es der Lernende selber will, denn Lernen ist die natürliche Aufgabe, das natürliche Bestreben des Kindes, ja des Menschen überhaupt – sein ganzes Leben lang.

Lehrende müssen also die Lernenden in einer Weise verändern. Aber wie, mit welchen Zielen und vor allem mit welchen Haltungen?

[6] Didaktik = Lehre des Lehrens
[7] Mathetik = Lehre des Lernens

Der Lernende bin ich

Früheren Lehrergenerationen schien es selbstverständlich, dass das Lernen ihrer Schüler die direkte Folge ihres Lehrens sein muss und folglich dieses Lernen nur eine Chance hat, wenn man den Schüler unter ein dirigistisches Joch zwingt und ihn ständig mit der Aura der eigenen Kompetenz umgibt.

Heute hat die Wissenschaft längst bewiesen, dass Lernen ein ähnlich autonomer Prozess ist wie Schlafen oder Essen – niemand kann es für uns tun, wir müssen es selbst tun. Der Schüler ist also letztlich für *sein Lernen* zuständig. Wir Lehrenden machen *es* nicht, wir fördern *es* nur. Wir sind oft mehr Hörende und Beobachtende, wir gestalten Umgebung und Anreiz. Wir müssen die Bedürfnisse des Lernenden erkennen oder erahnen, und das alles unter Wahrung seiner Integrität.

Es ist also wichtig, dass wir uns täglich daran erinnern, dass der Lernende und nur er den Weg beschreibt. Nur kommen seine Botschaften eben nicht in Form klarer Anweisungen daher, sondern in der Gestalt versteckter, oft sehr kryptischer Zeichen, die wir zu deuten haben. Wir müssen demütig zur Kenntnis nehmen, dass wir nicht die Macher, sondern die Begleiter sind.

Ich sehe da das Bild des Trainers, der den Wettkampf schliesslich auch nicht selbst bestreitet, der seinen Schützling und nicht sich selbst auf dem Podest sieht. Der Trainer aber hat einen Kompetenzvorteil, ist der Kenner von erfolgversprechenden Verfahren, der Fachmann für Gefahren und Grenzen.

Der Sportler trägt die Verantwortung für seine Leistung, der Trainer für ein möglichst optimales Umfeld und die damit verbundenen Verfahren. Letzterer versucht auch stets die Verfahrenskompetenz und somit die Selbständigkeit seines Klienten zu steigern. Er lehrt ihn bis zu einem gewissen Grad das Lernen, die Selbstbetreuung, die Selbstförderung.

Lernen lehren

Der sechsjährige Max, etwas klein geraten für sein Alter, reicht nicht bis zum obersten Regal, was die gleichaltrige Anna locker schafft. In unserer Gesellschaft akzeptieren wir diese Verschiedenheit bereitwillig als naturgegeben. Niemand käme auf die Idee, Max mit Eiweissprodukten aus dem Fitnessstudio zu füttern, um sein Wachstum zu beschleunigen. Man stellt Max lediglich einen Schemel hin oder legt die von ihm benötigten Gegenstände auf ein tieferes Regal. Man vertraut darauf, dass Max durch gesunde Ernährung und genügend Schlaf dann schon wachsen wird, wenn sein individuelles Reifungskonzept das vorsieht.

Beim Lesen beispielsweise sieht die Gesellschaft das oft anders. Da erwartet man gleiche Leistung zur gleichen Zeit. Stellt sich die erwartete Synchronität nicht ein, werden grosse egalisierende Anstrengungen getroffen. Man «füttert» den «Abweichler nach unten» mit Trainings und Therapien. Es werden Fachleute und Arbeitsgruppen bemüht.

Es müsste doch eigentlich gelingen, diese partielle Verzögerung im Lernprozess genauso zu akzeptieren wie eine Wachstumsabweichung, sie als ein mögliches Szenario im normalen Streuungsfeld der Entwicklung zu sehen und darauf zu vertrauen, dass sich dank eines achtsamen Coachings, durch ein möglichst reizvolles Umfeld und nicht zuletzt durch Vorbilder der erwünschte Lernerfolg später noch einstellen wird – dann eben, wenn es das innere Reifungskonzept des Kindes vorsieht.

Würden man dem kleinen Max täglich vorhalten, dass er halt schon viel zu klein ist, hätte das wohl bald Folgen für sein Selbstwertgefühl. Er würde sich schon bald über seine geringe Körpergrösse negativ definieren.

Bei übertriebenem Druck durch ein das Kind überforderndes Lesetraining wird eine vergleichbar blockierende Stigmatisierung die Folge sein. Da ein jüngeres Kind ohnehin eher zu Schwarzweiss-Bewertungen neigt, wird es seinen ganzen Schulerfolg wegen der mässigen Lesefertigkeit generell tiefer einschätzen, seine ganze Selbstattribution verschlechtert sich, Lernfreude und Neugier werden drastisch sinken. Trotz grossem Einsatz von Eltern und Lehrpersonen stellen sich Fortschritte nur sehr zaghaft oder gar nicht ein.

Was müsste stattdessen geschehen?

Johanna Spyris Bergkind Heidi will bei Sesemanns in Frankfurt nicht lesen lernen. Ihr erschliesst sich der Sinn dieses Lernprozesses in keiner Weise, zumal der Geissenpeter ebenfalls der Meinung ist, Lesen sei zu nichts nütze. Klaras Grossmutter beginnt eine Geschichte zu erzählen und endet an einer spannenden Stelle. «Wenn du lesen kannst», meint sie einfühlsam und weise, «wirst du selber herausfinden können, wie die Geschichte ausgeht...»

Das Vorgehen der Frankfurter Grossmutter orientiert sich nicht systematisierend an einem Lehrplan, sondern personalisierend am Kind Heidi. Dessen Heuristiken, Interessen und Neigungen geben den Ausschlag für ihr Handeln. Sie gibt nicht Lernziele vor, wie der Herr Kandidat, oder straft, nötigt und demütigt, wie Frau Rottenmeier. Sie schafft Umgebung, Reiz, ein intrinsisches Ziel. Dazu ist nicht das Beherrschen einer Kulturtechnik (= Zielbild der Erwachsenen) in ihrem Fokus, sondern das Lernmotiv von Heidi. Sie schaut hin, liebevoll und sanft zwar, aber trotzdem steuernd, ja raffiniert steuernd.

So soll «lernen lehren» sein!

Lernbereitschaft

Kaum will Heidi das Lesen erlernen, schafft sie das auch im Nu. Nicht nur bei Johanna Spyri, auch in meinem und anderen Schulzimmern, ja im ganzen Leben ist das Realität: Was man will, lernt man schneller. Es muss uns also gelingen, ein Umfeld zu schaffen, in dem Neugierde gedeiht, wo man begreifen, verstehen, können *will*. Oft genügt schon der Umstand, dass alle anderen etwas Bestimmtes tun. So ist bei vielen Schulanfängern das Interesse am Lesenlernen erst vorhanden, wenn die Schule auch wirklich beginnt und alle sich mit Buchstaben befassen.

In der Regel braucht es aber mehr, um intrinsische Motivation zu erzeugen:

• Das Kind muss vom Thema «betroffen» sein.
• Es muss das Thema als begreifbar oder lernbar erachten.
• Das Thema kann Status versprechen (ich kann lesen) oder für etwas anderes als Grundlage dienen (wenn ich lesen kann, darf ich in die Theaterschule).
• Lerntempo und Lernschwierigkeit orientieren sich am Leistungshorizont des einzelnen Kindes und liegen im gerade noch leistbaren Grenzbereich.
• Das Kind fühlt sich ernst genommen.
• Das Kind ist eingebunden in die Belange seines Lernens. Es erhält Mitsprache-rechte, aber auch Pflichten. Es erhält Teilhabe.

Teilhabe

Wenn es also der Lernende ist, der lernt, kann man nicht auf die Kraft einer dirigistischen Führung allein vertrauen. Der Lernende muss Anteil an der Prozessverantwortung übernehmen und Mitsprache erhalten. Er muss also beharrlich zur Teilhabe eingeladen werden. Die Inhalte der Schule müssen «sein Ding» sein. Er muss wissen und können *wollen*, was er wissen und können *muss*. Sein Bestreben soll also im Wesentlichen intrinsisch motiviert sein.

Begriffe wie Teilhabe oder Mitsprache rufen selbstredend die bereits vertrauten Kritiker auf den Plan, die gleich wieder kuschelpädagogische Wellnesskonzepte wittern. Auch hier tut die sorgfältige Betrachtung Not:

Was muss der Lernende im intrinsisch gestützten Modell? Er muss sein Lernen mitplanen, mitreflektieren, Lernerfolge bewerten, Lernprotokolle erstellen, nächste Lernschritte überlegen und begründen, sich selber prüfen, Prüfungsresultate mit dem Lehrenden auswerten und vieles mehr.
Was muss der Lernende im dirigistischen Modell: Er muss gehorchen! Punkt!
Es erübrigt sich, zu ergründen, wo mehr Forderung, mehr Anspruch, mehr Leistung, mehr Lernumfang angestrebt wird!
Die Effizienz intrinsisch bestimmter und ganzheitlicher Lernkonzepte ist erheblich höher als in extrinsisch exemplarischen Mustern. Wir bedürfen bei sorgfältiger Selbstbetrachtung mit gesundem Menschenverstand nicht einmal des erbrachten wissenschaftlichen Beweises. Es ist uns aus unserem Erwachsenenleben klar, dass wir erheblich schneller und nachhaltiger lernen, wenn wir selbstbestimmt und mit Lernlust bei der Sache sind, als wenn wir gelangweilt in einer fremdverfügten Weiterbildung sitzen müssen, deren Inhalte uns nicht betreffen. Für uns reklamieren wir Lernfreude und Mitbestimmung ganz selbstverständlich. Tun wir's also für unsere Kinder auch. Alles andere ist schamlos und ergibt keinen Sinn.

Forschendes, selbstbestimmtes Lernen hat zudem einen nicht zu unterschätzenden «Kollateralgewinn» zur Folge, den wir eigentlich auch aus unserem Alltag kennen. Während wir in der klassisch vorstrukturierten Lernanordnung im besten Fall das lernen, was da eben exemplarisch dargestellt ist, entdecken wir in der forschenden Lernlandschaft oft noch viele Dinge quasi im Vorbeigehen. Wer hat nicht schon eine Begriffserklärung im Internet gesucht und am Schluss seines Forschens ein komplett neues Lerngebiet erobert.

Damit Partizipation auch tragfähig ist, sind einige Metakompetenzen gefragt, die in einer Schulklasse in der Regel ähnlich unterschiedlich vorgeprägt sind, wie Wissen und Fertigkeiten. Es handelt sich hierbei im Wesentlichen um die positive Selbstattribution (Attribution = Zuschreibung von Eigenschaften), die Selbstwirksamkeit (= das Vertrauen in die erfolgreiche Bewältigung gestellter Aufgaben aufgrund der eigenen Kompetenzen) und die Resilienz (= Fähigkeit zur Bewältigung von Widrigkeiten und Krisen).

Selbstattribution

Man kennt die Geschichten:

Sportlerin A war in der letzten Saison die totale Überfliegerin. Beinahe alles, was zu gewinnen war, hat sie gewonnen. Ihr wurden in Kommentaren höchste athletische Qualitäten und eine überragende mentale Stärke zugeschrieben.
Das erste Rennen in dieser Saison misslingt tüchtig. Das zweite ebenfalls. Vor dem dritten Wettkampf wird sie nach dem Grund gefragt. Sie wisse es auch nicht, sagt sie, es laufe einfach nicht.

Sportlerin B, letztes Jahr noch bei den Junioren, kommt noch wenig erfahren ins Kader. Beim ersten Rennen gelingt ihr mit einem Podestplatz der völlig unerwartete Exploit. Beim zweiten Rennen wiederholt sie, selber völlig überrascht, den Erfolg. Vor dem dritten Rennen wird sie nach dem Grund gefragt. Sie wisse es auch nicht, sagt sie, es laufe einfach genial.

Während A trotz ausgewiesener Erfahrung und eigentlich überragender Kompetenz durch unerwartete Misserfolge aus dem Tritt gerät und von der negativen Erwartung niedergedrückt wird, wird die unerfahrene B von ihren Erfolgen beflügelt.

Ist es nicht so, dass unsere Förderkonzepte oft Kinder in die Abwärtsspirale von A versetzen und negative Zuschreibungen durch ständiges Fokussieren des Problems vertiefen? Ein Kind, das mit dem Lesen Mühe hat, wird bei jedem Training daran erinnert, dass es nicht lesen kann. Weil wir Lehrenden das Ziel «Lesen» im Auge haben und uns selber unter Druck fühlen, geben wir den Druck ständig weiter. Die

Folge dieses Settings wird sein, dass sich das Kind zusehends durch seine Disqualität definiert, sich als generell schwacher Schüler sieht, sich vielleicht gar ungeliebt fühlt.

Eine Verbesserung der Lesemisere, das sagt uns der gesunde Menschenverstand, kann sich so unmöglich einstellen. Obwohl die Aufwände von Lehrern, Eltern, Kind, Omas und vielen anderen vielleicht immens sind, kommt man nicht vom Fleck. Das innere Loser-Image blockiert alles.

Es müsste uns doch gelingen, dem Leseanfänger ein wenig vom Winner-Glück von Sportlerin B zu verpassen. Nicht der Podestplatz, schon gar nicht etwa der Weltcupsieg (= perfekt Lesen können) steht auf der Erfolgsagenda. Nein, kleinste Erfolge sollen es sein. Wir müssen als Coaches die Schwierigkeiten herunterfahren – dorthin wo die Leistungsgrenze des Kindes liegt, dorthin wo es noch fast alles beherrscht, dorthin wo Erfolge eigentlich unvermeidbar sind.

Das wir als letztlich Lernverantwortliche schon die Vorbehalte der abnehmenden Kollegen im Ohr haben (… «hat man da nichts gemacht oder hätte man da nicht schon früher»), darf nicht zählen. Einzig der Lernerfolg des Kindes zählt. Da müssen um jeden Preis Druck durch Lernfreude und Frustration durch Zuversicht ersetzt werden.

Und müssen wir bei wacher Betrachtung nicht dem Widerspruch Raum geben, dass es oft schneller geht, wenn wir auf Langsamkeit setzen?!

Ähnlich erging es Michael Endes Momo. Als ihr auf dem Weg zu Meister Horas Niemand-Haus das Vorwärtsgehen nicht gelingen wollte, las sie auf dem Panzer von Schildkröte Kassiopeia: RÜCKWÄRTS GEHEN!

«Momo versuchte es. Sie drehte sich um und ging rückwärts. Und plötzlich gelang es ihr, ohne jede Schwierigkeit weiterzukommen.»

Selbstwirksamkeit

Sollte es uns dank einem Umfeld voller kleiner Erfolge gelungen sein, im Kind eine positive Selbstattribution zu vertiefen, werden Selbstvertrauen und Lernfreude steigen. Es wird wissen: Ich kann etwas! Lob und Zuspruch von Erwachsenen und Peers werden dieses Gefühl verstärken. Dazu kommt die durch positive strategische Erlebnisse geschaffene Einsicht «so funktioniert's», dass sich mit der Zeit *ein Glaube an die eigenen Fähigkeiten* einstellt. Diesen Glauben nennt man *Selbstwirksamkeit*.

Wenn diese Kraft tragfähig ist, bedarf es nicht mehr des permanenten Drucks der Erwachsenen. Oft braucht es nicht einmal mehr viel von deren Hilfe, vielmehr genügt dann der erhaltende Zuspruch, das Mitfreuen über den Fortschritt und eine achtsame und stärkende Begleitung bei allfälligen Rückschlägen.

Wer hat nicht das Kleinkind in den Ohren, welches Mamis Hilfe genervt zurückweist mit den Worten: Das kann ich selber!

Resilienz

Es gibt wohl keine Biografie, die ausschliesslich aus Erfolgen besteht. Kein Leben verläuft wie auf Schienen. Wir begegnen alle regelmässig unserem Willen widerstrebenden Kräften, und wir alle müssen schmerzliche Tiefschläge einstecken. Es kann nicht ein Anliegen sein, solches zu verhindern, sondern mit diesen Ereignissen angemessen umzugehen.

Viele Erwachsene bemühen sich, Unangenehmes möglichst vor Kindern fern zu halten. Dieses Ansinnen ist redlich und bis zu einem gewissen Grad auch unsere selbstverständliche Aufgabe. Noch mehr aber müssen wir den Kindern dabei helfen, an ihrer Widerstandsfähigkeit, ihrer Resilienz zu arbeiten, denn zunehmend wird das Kind selbstständig unterwegs sein und ohne unseren Schutz überleben müssen. Es ergibt daher Sinn, schon früh die Resilienz, dieses emotionale Immunsystem, zu fördern und zu stärken.

Was stärkt die Resilienz eines Kindes:

- Vertrauen in ein Umfeld, das mich im Misserfolg nicht fallen lässt
- Erwachsene, die mir gute Vorbilder sind und mir Orientierung bieten
- erlebte Erfolge, Bestätigung meiner Leistungen und meines Leistungswillens
- erlebte Meisterung schwieriger Situationen, die Bewältigung von Krisen
- ein Umfeld, wo ich meiner selbst willen geliebt, geachtet werde
- ein Umfeld, wo man mir hilft, wenn ich nicht mehr weiterweiss
- ein Umfeld, wo man mich sieht, wie ich bin und wo man mich nicht dauernd an Anderen misst
- ein Umfeld, wo Grenzen und Regeln klar sind und eingefordert werden
- ein Umfeld, wo ich eine Rolle, eine Bedeutung, einen Platz habe
- ein Umfeld, wo ich über meine Ängste und Sorgen frei reden kann
- ein Umfeld, wo man mir etwas zutraut, aber mich nicht überfordert

- ein Umfeld, wo Heiterkeit und Zuversicht herrschen
- ein Umfeld, wo auch unliebsame Gefühle wie Schwäche, Müdigkeit, Unlust, Unsicherheit, schlechte Laune und ähnliches Platz haben und nicht einfach wegdisziplinert werden, sondern Wege zur Bewältigung gesucht werden

Leben mit der Schwäche

Es scheint mir befremdlich, dass unsere westliche Gesellschaft einerseits als grundsätzlich sozial ausgerichtetes System auf der Basis des christlichen Weltbildes der Schwäche und Fehlerhaftigkeit im Kontext der Entschuldbarkeit einen natürlichen Platz einräumt, auf der anderen Seite aber das Idealbild der Perfektion verherrlicht. Stelleninserate setzen oft ein hundertprozentiges Engagement voraus, obschon das auch mit höchstwertiger Begabung, konstanter Gesundheit und vorbildlicher Haltung niemals einzuhalten ist.
Genauso unrealistisch auf stabile Fitness ausgerichtet erwarten wir von unserer Gesundheit lückenlose Verlässlichkeit. Im Krankheitsfall soll ein perfekter Medizinapparat auch die kleinste Unpässlichkeit unverzüglich korrigieren.
Diese Denkweise ist längst auch bei den Erwartungen ans Bildungswesen angekommen: Für jede Entwicklungsverzögerung, für jedes Lernproblemchen soll die Schule Angebote bereithalten oder gar schon das Eintreten von Schwierigkeiten in den Ansätzen verhindern.

Selbstverständlich streben wir nach Korrektur von Mangelhaftem. Das ist nicht nur natürlich, es ist in den meisten Fällen auch absolut sinnvoll.
Es gibt aber auch Defizite, deren Korrektur sich unserer Einflussnahme weitgehend oder gar gänzlich entzieht. Hierbei soll Förderung nicht vorab der eigentlichen Steigerung von Kompetenzen oder Fertigkeiten dienen, sondern ganz zentral einen tauglichen Umgang mit der Schwäche anstreben: Akzeptieren können, dass man bestimmte Stufen nie erreichen kann und die Lebensenergie besser realisierbaren Anliegen widmen soll.

Nicht nur für Bedürftige und Beeinträchtigte, auch für alle Gesunden und Starken ist ein Bewusstsein angesagt, das eine tiefe Ehrlichkeit gegenüber Stärken wie Schwächen salonfähig macht. Dabei geht es im Zusammenhang mit Schwächen niemals um eine simple Beschönigung, sondern um eine eigentliche Entlastung: Ich kann zwar vieles, aber ich muss nicht alles können.

Wie sagte gleich Eckart von Hirschhausen: «Versuche nicht zu sein wie die anderen, denn andere gibt es schon genug.»

Zuckerbrot oder Peitsche

Nicht immer kann das Kind nichts dafür, nicht immer ist es ein tröstenswertes Opfer einer Schwäche. Mit fortschreitender Reife gibt es bei jedem Kind Positionsmarken seines Verhaltens, die klar erwartet werden können. In dieser «Ich-kann-wenn-ich-will-Zone» können Regeln Regelmässigkeit im Wortsinn fördern. Jedes Kind, ja jeder Mensch ist mit Regeln konfrontiert, zu deren Einhaltung er mehr oder weniger dringlich angehalten wird.
Wenn man Regeln schafft, schafft man Grenzen. Was geschieht aber, wenn diese Grenzen überschritten werden?

Wenn es um die Reifung junger Menschen geht, soll die Motivlage vor der Einleitung einer Massnahme geklärt sein:
Ist die Grenzüberschreitung die Folge einer Unreife, einer Inkompetenz, also nicht willentlich geschehen, oder ist sie eine bewusste Provokation, ein absichtlicher Übergriff?
Im Falle eines Unvermögens soll keine Strafe, sondern eine neuerliche Lernchance folgen.
Im Falle eines bewussten Fehlverhaltens öffnet sich erneut eine Weggabelung:
Handelt das Kind aus einer Not? Fühlt es sich unbeachtet und will nur auf sich aufmerksam machen? Ist es durch unverarbeitete Erlebnisse frustriert und verhält sich deshalb destruktiv? Geht die Vermutung in diese Richtung, ist es wohl sinnvoller, das Kind in die Arme zu nehmen und nach seiner Unzufriedenheit zu fragen, es allenfalls zu trösten und ihm konstruktivere Wege aus der Not zu zeigen.
Handelt das Kind offensichtlich achtlos oder egoistisch, soll dieses Verhalten (und nur das Verhalten, nicht das Kind!) zurückgewiesen werden. Geeignete Sondergrenzen (vorübergehende Einschränkungen der Entscheidungsfreiheit, Aufschub einer Wunscherfüllung, …) können dem Kind zeigen, dass sein Verhalten inakzeptabel ist. Im Schadensfall kann auch eine Wiedergutmachung gefordert werden.

Es kann durchaus Sinn ergeben, wenn das Kind die Erziehenden in der Strafphase in einer sachlichen Distanziertheit erlebt. Auch eine moderate Verärgerung darf spürbar sein. Der Erwachsene soll sich aber wenn immer möglich emotional im

Griff haben. Wenn Erziehende, ihre Körperkräfte ausnützend, zu Körperstrafen greifen, beweisen sie Überforderung. Körperstrafen sind Zeichen grenzenloser Hilflosigkeit. Ähnlich können ein Ausflippen, Schreien und Toben als Schwäche verstanden werden – der Provokateur weiss dann, dass er sein Ziel erreicht hat.

Ganz wichtig ist die klare Beendigung der «Eiszeit», wenn die Reparationshandlung erledigt, die Karenzzeit für die Rechtseinschränkung vorbei ist. Sie soll nicht nur einfach passieren, sondern klar positioniert werden.

Vielleicht noch wichtiger als Strafe ist das Lob für ein Wohlverhalten: Denn das Wohlverhalten ist, das hat das Vergehen selbst bewiesen, offensichtlich noch nicht der selbstverständlich zu erwartende Standardfall.

So hat in der Erziehung beides Platz: Viel «Zuckerbrot», wo angebracht, und etwas «Peitsche», wo nötig.

Autonome Lernprozesse

Wenn Lehrpersonen unterrichten, haben sie meist eine Vorstellung von Nutzen, Nachhaltigkeit und Wirksamkeit ihres Tuns, ein stark auf *Senden und Empfangen* ausgerichtetes Bild. Lehrende müssen aber stets wissen, dass ihre Sendung von jedem Lernenden anders empfangen wird. Darüber hinaus treten die empfangenen Sendungen bisweilen Prozesse los, die viel weiter gehen als der Sendende beabsichtigte. Gelegentlich kann der autonome Denkprozess beim Lernenden sogar der Sendeabsicht zuwiderlaufend ganz andere Gedankenwelten eröffnen und vom beabsichtigten Inhalt gänzlich ablenken.

Wenn wir diese Realität unbeachtet lassen, können wir nicht nachhaltig fördern. Jeder Unterrichtstag soll ein Forschen im Innenleben des Schülers sein.

- Lernen ist immer ein «Tun», ist immer Leistung.
- Lernen ist ein autonomer, eigendynamischer Prozess, der nicht primär erzeugt wird (von Eltern oder Lehrern), sondern immer stattfindet, der eigentlich kaum «verhinderbar» ist.
- Das Nachdenken und Philosophieren über Sachverhalte hinterlässt vielleicht wenig prüfbares Faktenwissen, aber es fördert die Denkkompetenz.
- Im Alltag sucht sich das Kind seine «Lehrer» oft selber aus oder das Schicksal führt sie ihm zu: Wie man Bilder aus dem Internet importieren kann, zeigt die grosse Schwester, den Reifenwechsel am Fahrrad bringt ihm Opa bei und bei Papi lernt es Salatsaucen machen. Der oft beschworene Mutter-Kind-Standard ist aus

wissenschaftlicher Sicht nicht das Winner-Modell. Selbständige und vielseitig kompetente Kinder sind oft solche mit einem grossen Netz, wie es früher die Sippe oder die Grossfamilie bot. Fehlen diese Hintergründe, können neben einem Umfeld von Familie und Freunden auch eine KiTa, die Schule oder Vereine bereichernd wirken.

- Die Schule ist kein Dienstleister und kein Detailhändler, wo Dienste oder Güter verkauft werden. Ebenso kann nicht einfach von einer Erfolgsgarantie ausgegangen werden im Sinne von: Geld für hochwertige Ware. Der Schüler ist nicht Kunde, der etwas abholt und nachher besitzt, er ist vielmehr Teil des Systems. Er ist ein Macher, kein Konsument. Lernen ist Eigenleistung.
- Lernen ist mehr als eine Summe abrufbarer Fakten. Lernen ist begreifen, einordnen, interpretieren, vernetzen, anwenden. Wirkliches Lernen beinhaltet eine gewisse Nachhaltigkeit und unterscheidet sich von kurzfristigem Faktenbüffeln, «Bulimie-Lernen», wie es Christof Arn (Agile Hochschuldidaktik) nennt.
- Erfolge stärken das Selbstvertrauen und fördern die Selbstattribution und Selbstwirksamkeit. Es ist gerade bei Kindern mit Schulproblemen wichtig, immer wieder durch leicht erreichbare Ziele eine zarte Schiene des Erfolgs zu legen. Dazu ist es meist hilfreich, störende Bereiche für einige Zeit völlig auszusetzen und sich vorerst einzig einem zentralen, auch für das Kind klar überschaubaren Aspekt zuzuwenden. Es zeigt sich oft, dass die gewonnene Sicherheit im Übungsthema selbst in den zurückgestellten Bereichen zu einem Kompetenzgewinn geführt hat, ohne diese in der fraglichen Zeit je bearbeitet zu haben.
- Wenn ein Lernthema blockiert scheint, lohnt es sich zumeist mit dem Erklären und Üben aufzuhören und wieder dort anzusetzen, wo alles noch klar ist.

Schlüsse aus der Wesensheterogenität der Lernenden

Die Verschiedenheit innerhalb einer beliebigen Menschengruppe ist ein Gemeinplatz. Und doch neigen wir tendenziell zu Generalkonzepten, die von einer leidlichen Homogenität ausgehen. Beim Fördern versagen solche Modelle. Die Art unserer Förderhandlung muss stets ein Spiegelbild dieser Wesensheterogenität unserer Klienten sein.

- Kinder kommen sehr unterschiedlich zur Welt und werden ein ganzes Leben lang einzigartig sein. Die Schule soll sich, diesem Umstand ständig bewusst, weniger um einen uniformen Inhaltskanon bemühen als vielmehr um vernetzte, ganzheitliche Kompetenzen jedes Einzelnen. Das «Durchnehmen» mit der Klasse tritt hinter den substantiellen Fortschritt des Einzelnen zurück.

- Fördern heisst aber auch Probleme und Schwächen zu benennen und in einem freien Umgang damit diese gleichsam zu «entkriminalisieren». Jeder hat seine individuellen Förderthemen (ich als Lehrer ebenfalls) und alle wissen davon (von sensiblen, sehr persönlichen Ausnahmen natürlich abgesehen). Damit soll einer Stigmatisierung und Pausenplatzschikanierereien vorgebeugt werden, da ja jeder sein Förderthema hat.

- Konkurrenz zwischen Lernenden ist durchaus gut, wenn der Erfolg für die Beteiligten erreichbar erscheint. Konkurrenz ist ungünstig, wenn sie ein problematisches Selbstkonzept nährt und dadurch Angst erzeugt. Angst vermindert unmittelbar die Lernleistung, derweil der hoffnungsvolle Lernanreiz in einer guten Konkurrenzsituation Neugierde und Lernbereitschaft enorm erhöhen kann.

Heterogene Elternschaft

Nach jeder Serie von Beurteilungsgesprächen wird einer Lehrperson wohl stets von Neuem bewusst, wie verschieden nicht nur die Schüler, wie verschieden eben auch deren Eltern sind. Gerne wird in Lehrerkreisen diskutiert, was von Eltern an Mitarbeit zu erwarten ist. Die Qualität der Eltern wird an der Einhaltung dieser aus der Sicht der Schule konstruierten Kriterien gemessen. Dabei müsste eine Schule, die sich der Individualität der Lernenden bewusst ist und das Schulleben danach ausrichtet, ebenso die Heterogenität der Elternschar akzeptieren.

Es gibt Eltern, die sowohl über Kompetenz wie Willen zur Unterstützung ihrer Kinder verfügen, anderen Eltern fehlen die eine oder gar beide Voraussetzungen.

Es macht wenig Sinn, Aufgaben kollektiv in die Familien zu delegieren im Wissen, dass diese teilweise nicht oder schlecht erfüllt werden. Es ergibt auch keinen Sinn, auf den Einbezug der Eltern generell zu verzichten, wenn einige sich gerne und gut einsetzen. Vielmehr sollen Eltern auf der Basis einer personenzentrierten Sichtweise entsprechend ihrer Fähigkeiten und Möglichkeiten in die Förderarbeit einbezogen werden. Das bedingt natürlich eine individuelle Kontaktform, was aber in der Zeit vielfältiger Medien (ich denke da an SMS, Mail, Handyanruf, Sprachnachricht) relativ niederschwellig und unaufwändig gestaltet werden kann.

*Die Schule ist um des
Kindes willen gemacht
und nicht das Kind
um der Schule willen.*

frei nach Mk. 2/27 – Lutherbibel 2017

Im Original: Und er sprach zu ihnen: Der Sabbat ist um des Menschen willen gemacht
und nicht der Mensch um des Sabbat willen.

Systemkritische Gedanken

Erziehende und Bildende in der Volksschule und in anderen Förderinstitutionen sind auf sehr ähnlichen Wegen unterwegs. Viele Neuerungen wie Miteinbezug der Lernenden, interdisziplinäre Förderkonzepte, kooperative Lernformen, Individualisierung, Lernportfolios, Lernzielvereinbarungen, Koordination verschiedener Player (z.B. Eltern – Lehrperson) zeugen allenthalben davon, dass wir didaktisch und lernpsychologisch im 21. Jahrhundert angekommen sind.
Diese Modernität, diese Aufbruchsmentalität beschränkt sich aber bei subtiler Betrachtung weitgehend auf die Belange des Unterrichts, also des direkten Klientenkontakts.

Das System hingegen steckt in seinen groben Zügen noch grösstenteils in den Gründerschuhen des 19. Jahrhunderts. Natürlich sollen all die neuen begleitenden Dienste im Schulumfeld (insbesondere unter dem Aspekt des Förderns) in ihrer Nachhaltigkeit nicht unterschätzt werden. Sie alle haben seit damals unser System bereichert. Sie alle zielen auf den Lernenden mit seinen individuellen Bedürfnissen und richten somit ihr Bemühen in die gleiche Richtung wie die moderne Didaktik. Das Diktat der Alters- und Kompetenzhomogenität hält sich aber trotz grosser Widersprüchlichkeit beharrlich. Dazu kommt die regelmässige Promotionskeule[8], die weder einer individuellen Prozessbegleitung noch einer förderorientierten Beurteilung, sondern nur einer etwas sehr vordergründigen Kontrollmechanik dient.

Individualisieren und personalisieren im Kleinen, egalisieren und systematisieren im Grossen! Kann das gut gehen?

---

[8] Mit Promotion ist im schulischen Kontext das Erreichen des erforderlichen Notenschnitts für die nächste Klasse bzw. Stufe gemeint.

Familie und Schule

Nicht instinktbasiertes Standard-Equipment, sondern ein individueller Lerndrang ermöglicht dem Primatenkind (dem Menschenkind erst recht) den Weg zu einer erwachsenen Lebenstauglichkeit. Unabhängig von den Aktivitäten der Erwachsenen kopiert, probiert, entdeckt das Kind. Auch in der untauglichsten Umgebung wird das Lernen des Kindes nicht gänzlich ausbleiben.

Nicht das Lernen an sich, sondern Quantität und Qualität desselben hängen von der Umgebung ab. Wir müssen als Erziehende und Bildende nicht «das Lernen machen», sondern eine fördernde Umgebung dafür schaffen.

Wenn wir den Blick vergleichend auf das familiäre Lernumfeld und jenes der Schule richten, fällt uns schnell eine grosse Paradigmendifferenz auf. Während sich das Lernen in der Familie weitestgehend am Kind und seinem Reifeweg orientiert, herrschen in der Schule Lehrpläne und Strukturkonzepte über das Lernen. Es werden Gruppen (Jahrgangsklassen) gebildet und – deren leidliche Homogenität vorausgesetzt – auf ein verbindliches Einheitsziel hingearbeitet.

Im normalerweise ohnehin altersheterogenen Setting einer Familie spielt solche Einheitlichkeit keine Rolle. Gelegentlich wirken Entwicklungsratgeber zwar ähnlich problematisch wie egalisierend verstandene Lehrpläne und setzen Eltern unter Druck, wenn ihr Kind in seiner Entwicklung Normstadien hinterherhinkt. Achtsame und unabhängige Eltern nehmen aber ihre Kinder wie sie gerade sind.

Schon unmittelbar nach der Geburt erkennen Eltern Eigenheiten ihres Kindes und gehen darauf ein. Sie erkennen Bedürfnisse aufgrund von Geräuschen und Bewegungen. Sie können massenhaft Drolligkeiten und Maröttchen aufzählen und erkennen dankbar jedes Lernschrittchen.

Man weiss spätestens seit Piagets Erkenntnis der sensiblen Phasen, dass Kinder vieles lernen, wenn sie dazu bereit sind – nicht vorher, eher weniger nachher. Beispielsweise hat eine Langzeitstudie von Remo Largo (Schweizer Kinderarzt und Autor) die Wirkung der Sauberkeitserziehung in der Mitte des 20. Jahrhunderts mit jener späterer Jahrzehnte verglichen. Derweil die Mütter der Vierzigerjahre danach trachteten, mit einem aktiven Sauberkeitstraining die Entwicklung ihres Säuglings zu maximieren und das aufwändige Windelnwaschen zu minimieren, liessen die Eltern der Wegwerfwindelzeit der Entwicklung zusehends mehr freien Lauf. Ergebnis der Studie: Es liess sich beim Vergleich beider Regime kein signifikanter Unterschied bezüglich der Sauberkeitsreife ausmachen!

Wir neigen in der Schule stark dazu, die Wirkung unseres Lehrens zu überschätzen. Gerade kleine Kinder können nicht willentlich lernen. Ist ihre Hirnentwicklung nicht bereit, wird ein Lernen nicht stattfinden können – fast egal was wir lehren.
Im Vorschulalter pressen wir die Kinder kaum in starre Lernfahrpläne. Säuglinge versuchen sich im aufrechten Gang kaum vor dem 10. Monat. Wäre das familiäre Lernfeld ähnlich egalistisch konzipiert wie die Schule, würden Eltern ihr neunmonatiges Kind hinsetzen, wenn es schon gehen möchte, derweil sie bei jenem im 14. Monat eine Gehtherapie ins Auge fassen würden. Eine zugegebenermassen groteske Situation, die aber im vergleichbaren schulischen Rahmen immer wieder stattfindet.

Wäre eine Strukturierung wie in der Schule für das Lernen schlechthin unverzichtbar, dürfte vorher kein Lernen stattfinden. Das Gegenteil ist der Fall: Nie lernt der Mensch so unglaublich viel wie in seinen ersten Jahren. Während sich das Neugeborene noch als hilfloses Würmchen präsentiert, ist ein Dreijähriges schon eine Persönlichkeit, ausgestattet mit partizipationstauglicher Sprach- und Handlungskompetenz, mit Alltagswissen und Alltagsfertigkeiten.

Wäre eine Schule mit dem präsenzdidaktischen Konzept der Vorschulzeit denkbar, oder geht das nur in der Überschaubarkeit der Familie? Es ist klar, dass wir uns als Gesellschaft eine staatliche Kleinstgruppenbildung, wie sie die Familie darstellt, nicht leisten könnten. Zwingt uns also die Gruppenbeschulung zu einer Systematisierung? Oder sind Person und System kein Widerspruch?

Person oder System

Viele in alten Bildern der Schule verwurzelte Lehrpersonen fürchten sich beim Gedanken an individualisierende Formen vor einem Kontroll- und Übersichtsverlust. Politiker unterstellen Systemlosigkeit und befürchten ein plan- und strukturloses Chaos. Viele halten diese neue Sicht guten Unterrichts für eine unnütze Mode und betonen, dass es bisher ja auch funktioniert hat.
Die lernpsychologische Forschung der letzten zwei bis drei Generationen und der gesunde Menschenverstand (siehe oben) sind aber potente Fürsprecher einer personalisierenden Bildung, gleichzeitig soll aber auch das System Schule nicht kontrollos überfordert werden.

Es gibt in Bereichen des Alltags durchaus die Kombination von grösstmöglicher Personalisierung und hochgradiger Systematisierung ohne nennenswerte Abstriche hüben wie drüben: Jeder seriöse Laden lässt auf den ersten Blick System und Ordnung erkennen, gelegentlich ist das Angebot breit, bisweilen sehr sektoriell. Stets aber ist die Ordnung auf die Bedürfnisse des Kunden hin ausgelegt.

Kaum ein Bereich des Detailhandels erreicht bezüglich Person und System eine so hohe Differenzierung wie die Bekleidungsindustrie. Allein beim Blick ins hochdifferenzierte Jeansregal, wo Bundweite, Beinlänge, Schnitt, Material, Farbe, Marke wohlsortiert den Kundenwünschen begegnen, wird klar, dass sich *personalisieren* und *systematisieren* nicht grundsätzlich widersprechen.

Wie müsste also, ausgehend vom Bild des Kleidergeschäfts, unsere Schule konzipiert sein?

Neue Bilder

Schuljahr und Lernjahr

Genährt von der Erkenntnis, dass Lernen zeitlich nicht planbar ist, sondern von intraindividuellen Grössen des Lernenden abhängt, müsste man sich von starren zeitlichen Mustern verabschieden. Die Modelle von Grund- und Basisschule, aber auch jene der Kleinklasse, zeichnen das Muster vor. Das Kind lernt – unter achtsamem Coaching seiner Lehrpersonen – stets einen Hauch über seinem aktuellen Kompetenzstand und wird somit optimal gefördert und gefordert.

Ein Konzeptbeispiel: Wenn ein Jahr zu Ende geht, ist das Lernportfolio von Anita vielleicht voller als jenes von Zoe. Beide schliessen das Schuljahr mit Erfolgen ab. Anita hatte Mitte Jahr bereits die Lernziele des zweiten Lernjahres vollendet. Zoe wird dies wohl in zwei, drei Monaten schaffen. Ihre Schuljahre enden gleichzeitig, ihre Lernjahre nicht.

Abhängig von den übrigen Reifebereichen wird für Anita vielleicht der Wechsel in eine höhere Lerngruppe («Klasse») und zu einer anderen Lehrperson sinnvoll erscheinen. Entscheiden darüber wird ein Fachteam, gebildet aus Lehrperson(en), Eltern und sonstigen Fachpersonen (Heilpädagogen, Schulpsychologinnen, Logopädinnen, Ergotherapeuten usw. – je nach Bedarf). Das Fachteam stellt Antrag um Versetzung. Die Meinung des Kindes wird selbstverständlich mitberücksichtigt. Grössere Kinder und Jugendliche nehmen in der Regel im Fachteam Einsitz.

Anita ist jetzt in der neuen Lerngruppe (Klasse). Die Inhalte und Lernfelder in der Gruppe sind ähnlich. Zoe bleibt noch in der alten Lerngruppe. Auch hier gleichen sich die Themen. Zoe und Anita werden aber schon bald wieder zur gleichen Gruppe gehören, denn Zoe hat die Ziele des zweiten Lernjahres ebenfalls gemeistert und wechselt ins nächste Lernjahr und damit in die anspruchsvollere Lerngruppe. In ihrem Portfolio beginnt ein neues Kapitel, ebenso wie bei Anita ein paar Monate zuvor.

Ein revolutionäres Konzept – oder doch nicht? In vielen Bereichen der Sportförderung existieren schon ähnlichen Konzepte, die sich am individuellen Lernstand und weniger am Alter orientieren. Es existieren auch Schulmodelle, wie die Montessori- oder Steinerschulen, wo die Altershomogenität ebenfalls weniger gewichtet wird. Vielleicht ist der Homogenitätsgedanke in der Schule wie anderswo überhaupt eine untaugliche Illusion. In der Volksschule hat sich jedenfalls mit der integrierten Förderung (fast) aller Kinder ohnehin ein Abschied von einer leidlichen Gleichheit innerhalb einer Klasse ergeben. Aber ist man sich dessen auch wirklich bewusst?

Separation oder Inklusion

In den meisten europäischen Ländern entspricht die Integration aller Kinder, auch solcher mit besonderen Bedürfnissen, dem Normalfall. Wohl attestiert man jenen «Bedürftigen» diverse Sonderansprüche und ist sich bewusst, dass diese sich vom Rest der Klasse in vielen Belangen unterscheiden. Bei diesem «Rest der Klasse» dagegen geht man dann aber überraschenderweise doch von einer weitreichenden Homogenität aus.

Mit dem Konzept des synchronen Fortschreitens in dieser Gruppe erzeugen wir aber ständig Kollateralprobleme, die wir mit Konzepten, die Heterogenität aller voraussetzen, nicht hätten.

Am Übergang des Schuljahres zieht die Gruppe weiter, ungeachtet arg wackelnder Fundamente bei Einzelnen. Und diese Instabilität schleppen viele der «normalen Restgruppe» oft ein Schulleben lang mit.

Sollte unsere Schule nicht vielmehr Konzepte andenken, die diesen mehr oder weniger «Normalen» mit der gleichen individuellen Akzeptanz begegnen wie den integrierten «Spezialfällen». Lernwege mit Ehrenschlaufen, Sabbatphasen, Spezialprogrammen, Basistrainings wären der Normalfall. Grundsätzliches wird gefestigt, und die Institution verbiegt sich für das Kind und sein fundiertes Lernen und nicht umgekehrt.

Die Konzepte müssen elastisch, anpassbar sein. Das Fortschreiten erfolgt im Bereich der Basisbildung nicht mehr gleichzeitig, sondern, wenn das Fundament des Einzelnen stabil ist – ungeachtet von Leistungspotenzial oder Inklusionsstatus.

Referent oder Coach

Instrumente der Lernkontrolle sind Lernportfolios, Instrumente der Förderplanung sind Lernzielvereinbarungen, wo Verantwortlichkeiten von Kind, Lehrperson, Eltern und anderer festgehalten werden. Administrativ sollen diese Papiere so schlank wie möglich gehalten werden. Ältere Kinder erhalten mehr Mitverantwortung an diesen Papieren.

Der Unterrichtsalltag orientiert sich mehr an Wochenplänen als an Tages- oder Lektionsplanungen. Die Rolle der Lehrperson verschiebt sich vom Unterrichts- zum Lernplaner. Das Lehren wird zusehends agildidaktisch, seltener plandidaktisch. Es gibt sie aber immer noch, die frontalen, referierenden Situationen. Diese werden aber seltener die ganze Gruppe betreffen. Der Lehrende wird nur noch gelegentlich Referent, aber täglich Coach sein.

Diktator oder Schiedsrichter und Trainer

Im aktuellen Schulalltag ist der «strenge Lehrer» wieder salonfähig. Das ist zum Teil durchaus gut so: Wie ein guter Schiedsrichter auf dem Fussballplatz soll der Lehrer den Umgang untereinander regulieren und vereinbarte Abmachungen einfordern.

Aber ist es wirklich zielführend, wenn der Lehrer alles bestimmt, jede Arbeit vorschreibt, jeden weiteren Schritt vorgibt?

Wir fordern vom Kind und schliesslich von jedem Berufsmenschen ein gerüttelt' Mass an Selbständigkeit, an autonomem Denken. Während der Schulzeit erlebt das Kind aber viel zu selten Situationen, wo es selber planen kann, ja planen muss. Kaum je prüft es sich selber und zieht daraus Schlüsse. Selten muss es seine Lernergebnisse kommentieren und rechtfertigen. Der strenge Lehrer nimmt ihm das alles ab. Der strenge Lehrer verlangt von ihm lediglich eines: Gehorchen!

Wir sollen uns davor hüten, alles und jedes zu steuern. Vielmehr müssten wir uns ständig fragen, wo wir dem Kind Verantwortung übertragen und ihm etwas zutrauen können. Wir helfen in guter Absicht, aber wir helfen meist zu viel. Oft ist unser Helfen auch mehr von der Furcht vor Kontrollverlust oder einer etwas schiefen Vor-

stellung von Führungspflicht getragen als von pädagogischen Zielen.
Ein guter Trainer fördert nach besten Kräften sowohl Selbständigkeit wie Selbstwirksamkeit seiner Sportler. Ein guter Schiedsrichter lässt das Spiel laufen, wo ein Eingriff nicht wirklich nötig ist.

Zentralgestirn Lehrer

Fühlt man tradierten Bildern von Schule oder der Bildungsterminologie nach, könnte man meinen, die Lehrperson sei im Zentrum des Geschehens im Schulzimmer. Um die Lehrersonne kreisen auf unterschiedlichen Bahnen, Ebenen und Distanzen verschiedene unterschiedlich beschaffene Schülerplaneten, alle beschienen vom lebenspendenden Licht der Lehrersonne.

Auf den ersten Blick scheint dieses Bild masslos übertrieben. Aber wenn es in der Schule hauptsächlich um die Schülerinnen und Schüler ginge, müssten Lehrmittel und Lehrpläne (lehren tut der Lehrer) eigentlich Lernmittel und Lernpläne heissen. In den Berufsbildungsstätten müsste es nicht vorrangig um Allgemein- und Fachdidaktik (Didaktik = Lehre des Lehrens), sondern um Allgemein- und Fachmathetik (Mathetik = Lehre des Lernens) gehen. Und wo findet im Zeugnis, der Bibel der pädagogischen Quantifizierung, die Selbstreflexion des Schülers ein angemessenes Plätzchen? Wie viele Beurteilungsgespräche finden statt, ohne dass das Kind, das eigentliche Zentrum des Systems, anwesend ist?

Wir Lehrpersonen müssen an unserer Haltung schrauben, uns in Demut üben. Wir müssen begreifen, dass wir nicht im Zentrum der Schule stehen, sondern lediglich Teil eines interdynamischen Systems zwischen Menschen, Rollen, Befindlichkeiten, Ideen, Konzepten, Räumen und Kompetenzen sind.

Wohl sind wir wichtige Bezugspersonen für das Kind, aber das Kind gehört ins Zentrum. Die Lehrperson ist ein humanes Bildungs- und Erziehungsmittel, gleichsam ein empathisches Kompetenzenvehikel rund um das Zentrum Kind.

«Liebe Lernerinnen und Lerner»

Was könnte dieser Positionswechsel für den Schulalltag bewirken? Es wurde bereits in früheren Kapiteln ausgeführt: Das Lernen soll weniger als Folge des Lehrens gesehen werden. Lernen wird vielmehr als ein intrinsisch motivierter, letztlich von einem autonomen Lernfluss bestimmter Prozess erkannt. Der Lehrperson ist klar, dass sie verantwortungsvolle «Lernerinnen und Lerner» nur erwarten darf, wenn sie ihnen auch Verantwortung überträgt. Zudem ist sie sich ihrer Coachingrolle und ihres Coachingauftrags auch auf der Metaebene bewusst: Die «Lernpersonen» müssen schliesslich nicht nur Inhalte und Fertigkeiten in der betreuenden Obhut der Lehrperson lernen, sondern das Lernen selbst auch. Gespräche mit dem Ziel der autonomen Strategie- und Konzepterweiterung sind also zentraler Teil des Coachings.

Die Lehrperson hält den Spagat bezüglich Status professionell prüfend im Auge: Sie ist einerseits verantwortliche Erzieherin, Fachperson für Lehren und Lernen, lebenserfahrener und reifer als ihre «Lernpersonen» und insofern auch täglich Vorbild. Andererseits sieht sie die Lernenden menschlich auf Augenhöhe und als Fachpersonen für ihr Innerstes, für ihr Fühlen, ihr Denken, ihre Wünsche und Nöte, ihr Können und Nichtkönnen.

Vielleicht lohnt es sich ja auch nebst dem Schrauben an Haltungen über neue Begrifflichkeiten nachzudenken, aber vor allem neuen Zielen Raum zu geben.

Neue Ziele

Einheitsziele oder Orientierungsziele

Zielformulierungen machen Sinn. Ich votiere nicht für das Abschaffen von Lehrplänen und darin ausformulierter Lernziele. Ich bin aber dezidiert der Meinung, dass solche Ziele einzig als Orientierung dienen dürfen im Sinne von: Das Ziel des zweiten Lernjahres ist im Bereich X erreicht, wenn die Kompetenzen A, B und C vorhanden sind. Das sollte aber niemals als Einheitsziel einer ganzen Klasse (Lerngruppe) dienen.

Oft gaukeln wir uns aber genau dies vor und übersehen, dass wir diese Lernbereiche lediglich bewirtschaftet, «durchgenommen» haben, die Kompetenzziele aber in keiner Weise flächendeckend erreicht haben. Wieso geben wir diese Illusion nicht einfach mutig auf und gestehen ein, was wir ja insgeheim eh schon lange wissen: Am Ende des Schuljahres steht jedes Kind an einem anderen Ort; jedes Kind hat andere Ziele erreicht. Kaum eines steht genau da, wo der Lehrplan es vorsieht und doch tun wir, als wäre das so!

Im Kontext einer oben beschriebenen Struktur von Lern- und Schuljahr wäre der grösstmögliche Fortschritt eines jeden Kindes das Ziel und nicht die illusorische «Ex-aequo-Limite» für eine ganze Klasse.

«So weit wie möglich» oder «so weit ich kann»

In der öffentlichen Wahrnehmung wird eine Volkschulkarriere dann als fraglos erfolgreich erachtet, wenn ein Schüler die Maturitätsstufe erreicht und anschliessend studiert. Ich finde diesen Gemeinplatz nicht nur grundsätzlich falsch, sondern auch ungemein gefährlich.

Sollte dieses Bild korrekt sein, müsste die Volksschule prioritär eine möglichst hohe Gymnasialquote anstreben. Diese Sichtweise geht unterschwellig davon aus, dass Intelligenz zwingend nach Maturität ruft, dass Klugheit gleichsam nicht für eine Lehre, einen Handwerksberuf «verschwendet» werden sollte.

Gleichzeitig glaubt man, dass durch Nachhilfe befeuert, auch Schwächere via Gymnasialschiene auf Karrierekurs gebracht werden können.

Das sind aus meiner Sicht nicht nur falsche, sondern gesellschaftsschädliche, ja höchst destruktive Bilder. Bildung soll nicht dazu führen, dass möglichst viele Volksschulabgänger möglichst weit hinauf (was immer das auch heissen mag) gelangen, sondern dass möglichst viele in ein Berufsfeld finden, wo sie mit Befriedigung und Bestätigung gute Leistungen bringen können.

Was spricht *gegen* einen blitzgescheiten Schreiner? Was spricht *für* einen grenzbegabten Chirurgen?

Demut gegenüber dem Leistbaren

Wenn wir uns in einer KiTa fünf aufmerksame Beobachtungsminuten leisten, werden wir unschwer feststellen, dass auch gleichaltrige Kleinkinder bisweilen schon sehr unterschiedlich begabt sein können. Selbstverständlich reagiert jeder betreuende Erwachsene mit Hilfestellungen und Förderprogrammen auf Auffälligkeiten, auf Defizite. Vielen Kindern kann mit sensiblem Coaching geholfen werden, Probleme können behoben oder zumindest gemildert werden. All unsere vorschulischen und schulbegleitenden Konzepte zielen im Wesentlichen darauf ab. Die «Förderprofis» sind sich ziemlich einig, dass man einen Menschen aber nur bis an seine Leistbarkeits-Grenze fördern kann. Wenn die Grenze erreicht ist, beginnt die Demut.

Eltern wollen in der Regel für ihre Kinder nur das Beste und erreichen oft das Gegenteil, wenn sie diese Demutsgrenze missachten. Gerade Akademikereltern fällt es oft schwer, den vermeintlichen Statusverlust ihres Sprösslings hinzunehmen, wenn er «nur» eine Lehre macht. Dabei zählt innere Bestimmung mehr als der Geltungsdrang der Eltern. Wohl muss verständnisvoll angemerkt werden, dass viele Eltern Versagensängste plagen, dass sie von der Gesellschaft in Rechtfertigungsnöte gedrängt werden, wenn die Berufswahl des Kindes unter ihrem Planstatus liegt.

Mehr als Karriere muss aber das Berufsglück zählen, zumal unser Bildungssystem ja zahlreiche Nachqualifikationen bietet, sollte es den Sprössling später dahin ziehen.

Mut zur Lücke

Wir kennen alle Lebensgeschichten von Menschen, die als Schulversager begonnen haben und schliesslich zu grossem Erfolg aufstiegen. Daraus dürfen wir gewiss nicht schliessen, dass Schulmisserfolg Lebenserfolg generiert. Dieser Zusammenhang besteht keineswegs. Vielmehr müssen wir als Vertreter der Schule neidlos anerkennen, dass unser Vermitteln einerseits exemplarisch ist und dass andererseits noch unzählige Lernfelder neben und vor allem auch nach der Schule bestehen. Unser Volksschulbemühen soll auf eine solide Basisbildung zielen. Sie soll einen soliden Rohbau erstellen. Den Detailausbau besorgt dann die Fachausbildung und nicht zuletzt das Leben selbst.
Bei redaktionellen Überlegungen für den Unterricht sollten wir uns öfter ein Vertrauen in spätere Detailarbeit leisten und unseren Fokus dafür auf Basisfertigkeiten und Grundwissen richten und uns vor allem auch wichtigen Metakompetenzen wie Lebensfreude, Selbstvertrauen, Selbständigkeit, Selbstorganisation, Resilienz, Achtsamkeit, Rücksichtnahme, Selbstpflege, Verantwortung und Ähnlichem widmen.
Mit einer guten Lebenseinstellung und einem soliden Lernfundament lernt man schnell entlang der gerade aktuellen Bedürfnisse dazu. Und viele vermeintlich wichtige Lerninhalte der Schule vermisst man ein ganzes Leben lang nie.

Sehen wir also zu, dass Seneca nicht recht behält, wenn er schreibt: «Nicht für das Leben, sondern für die Schule lernen wir.»

Rohrkrepierer «überprüfbare Lernziele»

In den letzten Jahren hat sich eine Kultur der Zielformulierung eingebürgert, die schon längst axiomatischen[9] Status erworben hat: *Lernziele sollen überprüfbar sein.*

Auf den ersten Blick mag man dieser Regel bereitwillig zustimmen. Ein kritischer zweiter Blick sei aber erlaubt:

- Lasse ich mich im Umgang mit Schülerin A oder Schüler B während der fraglichen Lektion wirklich von diesem formulierten Ziel führen? Habe ich nicht vielmehr Unterstützungsziele, Lernwege von A und B vor Augen, die ich in dieser Lektion weiterverfolge?
- Ist also das angegebene Lernziel wirklich mein Ziel? Bin ich wirklich ehrlich?
- Für wen gilt dieses Ziel? Für ein Kind, für drei, für alle?
- Was mache ich mit den sieben Kindern, die das Ziel nicht erreichen?
- Was ist mit den drei Kindern, die das Ziel übertreffen?
- Was mache ich mit dem Kind, das dieses Ziel bereits vor der Lektion erreicht hat?
- Soll die Überprüfbarkeit nur heute gelten oder auch morgen oder in zwei Wochen?
- Was mache ich mit Lektionen, die in einer langen Reihe stehen? Alle Sequenzen dienen der Vertiefung des einen Fernziels. Die einzelne Sequenz entzieht sich aber klar einer Zielüberprüfbarkeit.
- Wie soll sich die Aufforderung nach individueller Lernplanung und -begleitung mit einem kollektiven Ziel vertragen?
- Wie soll in offenem Unterricht ein überprüfbares Lernziel formuliert werden?
- Was soll dieses überprüfbare Lernziel überhaupt bewirken?
- Wer überprüft die Überprüfbarkeit?

Es ist fraglos so, dass mein didaktisches Vorgehen mit der Klasse und mit jedem einzelnen Kind einer Logik folgen und ich für mein Tun Begründungen bereithalten muss. Die heilige Kuh der Überprüfbarkeit, wie sie gehandhabt wird, ist aber weder praxisnah noch zweckdienlich. Die Überprüfbarkeit kann in einzelnen (eher plan-didaktischen und systemorientierten) Lektionen durchaus hilfreich sein. Als Automatismus oder gar als unverzichtbares Qualitätskriterium guten Unterrichts ist diese Form der Zieloptik aber schlicht Unsinn.

---

[9] Axiom = als wahr angenommener Grundsatz

Schülerbeurteilung

Prüfen und messen

Wenn wir unterrichten, bemühen wir uns im besten Fall um eine hochgradig perso-
nalisierende, individualisierende Sicht- und Arbeitsweise. Es gilt als unpädagogisch,
Kinder miteinander zu vergleichen, alle genau das Gleiche tun zu lassen, für alle die
identischen Lernanlagen anzuwenden. Wir arbeiten, ähnlich wie ein Hausarzt, ausgehend von einer «Anamnese». Wir sind uns bewusst, dass wir langsame, schnelle,
verträumte, helle, müde, interessierte, wache, glückliche, trotzige Kinder haben und
reagieren darauf.

Wenn wir prüfen, finden wir uns ohne jeden Grund am anderen Ende der Paradig-
menskala wieder. Alle werden über den gleichen Leisten geschlagen. Während wir
uns beim Lernen eben noch der grossen Verschiedenheit bewusst waren, verleug-
nen wir sie beim Überprüfen des Lernergebnisses.

Warum tun wir das? Sicher und vor allem, weil wir es müssen. Aber ehrlicherweise
vielleicht auch, weil wir es uns so gewohnt sind oder noch nie so recht darüber
nachgedacht haben. Auch wir Lehrende, mit redlichem Bemühen um ständige
Reflexion, sind nicht gefeit vor unhinterfragten Gewohnheiten und Tradierungen.
Gerade wir, die oft unbeobachtet arbeiten, sind dem unmittelbaren Diskurs wenig
ausgesetzt und damit besonders gefährdet.

Erlauben wir uns den kritischen Blick:

Schon die Anlage einer Prüfung ist eigentlich problematisch. Schauen wir uns einen
Mathetest in einer zweiten Klasse an: Zuerst stehen Plus- und Minusaufgaben an,
dann muss eine Rechenmatrix gefüllt werden, in einer weiteren Aufgabe geht es um
Retourgeld und in der letzten sind noch ein paar Einmaleins-Rechnungen gefragt.
Einzig eine blanke 6 bildet ein einigermassen klares Leistungsbild ab: Das Kind
beherrscht alle Bereiche gut! Schon eine 5,5 verschweigt, wo allfällige Unsicherhei-
ten liegen. Die Prüfung vor Augen sehen wir dies selbstverständlich, aber festgehalten wird nicht dieser Blick, sondern die zusammenfassende Zahl.

Zudem müssen wir uns stets bewusst sein, dass die Ausgangslage allein schon aus
der Sicht der Metakompetenzen (Selbstattribution, Selbstorganisation, Nerven-
stärke, Selbständigkeit, Konzentration, …) sehr unterschiedlich ist. Und diese Qualitäten prüfen wir unsortiert dauernd mit.

Steigen wir in der Wertungshierarchie noch einen Schritt höher zu den Zeugnissen, wird der Paradigmenkonflikt noch augenfälliger. Der differenzierte Blick auf die Nuancen von Stärken und Schwächen fehlt vollständig. Dem unpädagogischen Vergleichen der Kinder wird mit dem Klassenschnitt sogar die Krone aufgesetzt. Dieser erlaubt den Eltern zu sehen, ob ihr Kind im Klassenrahmen «gut» oder «schlecht» ist – genau das, was wir vermeiden wollen. Zudem präsentiert das Zeugnis in den einzelnen Fächern einen Durchschnitt der Semestertests. Prozesse fehlen in der Darstellung völlig – genau das, was uns in Elterngesprächen besonders berichtenswert erscheint.

Irgendwo setzt das Zeugnis dann auch noch mit dem Mittel der Promotionshürde das geschärfte Richtschwert an, das über ein Weiterkommen oder «Sitzenbleiben» entscheidet. Vor allem knapp über dieser harten Grenze haben die Zahlen wenig Folgen. Es wird nicht etwa festgestellt, dass Heidi besonders bei der Gross- und Kleinschreibung und Peter beim Aufbau von Geschichten noch Hilfe braucht. Diese Zahlen sind gleichsam als Brandmarken im Zeugnisdokument deponiert, ohne dass aus ihnen differenzierte Schlüsse für den weiteren Lernweg gezogen werden.

Wovon zeugt das Zeugnis? Von der aus moderner Betrachtung altväterisch anmutenden Sichtweise der Messbarkeit von Menschen (oder zumindest von deren Leistungsfähigkeit). Man übersieht dabei, dass Menschen jeden Alters äussert komplex sind und sich allein schon aufgrund der Prozesshaftigkeit ihres Seins einer aussagekräftig ganzheitlichen Messung entziehen.
Es ist eigentlich grotesk, mit welcher andächtigen Ernsthaftigkeit wir dem Dokument Zeugnis begegnen, derweil es als präzises Messinstrument (was es vorgibt zu sein) weitgehend versagt.

Bei so geballter Kritik steht die Frage nach Alternativen im Raum. Diese gibt es längst, und sie werden in der integrierten Förderung eigentlich längst praktiziert: Lernportfolios.
Papiere, in denen sowohl Lernwege wie teilweise und vollständig erreichte Ziele und bewirtschaftete Zusatzfelder abgebildet werden können. Ebenso ist in diesem Instrument die Teilhabe des Schülers nicht nur möglich, sondern geradezu nötig. Ein Lernportfolio ist ein Arbeitspapier, das mit dem Kind mitwächst, das abbildet, ohne zu stigmatisieren, ohne Kind mit Kind zu vergleichen, dafür mit reichlich Handhabe für das «Wie weiter».

Das Noten-Credo

Nicht nur im Kontext einer Leistungsmessung sind Noten zu hinterfragen. Auch die oft insbesondere in konservativen Kreisen postulierte Funktion als Leistungsmotor ist hochgradig zweifelhaft.

Gesunde Lernende haben vielfältige Interessen und freuen sich über Kompetenzzuwachs. Von einer unterstützenden Begleitung und einem reizvollen Umfeld befeuert, macht Lernen Freude. Und nur mit einem guten Mass an Lernfreude und Lernzuversicht ist Lernen nachhaltig.

Oft schon musste ich erleben, dass gerade schwächere Schüler mit Eifer und Ehrgeiz übten und sogar nach zusätzlichem Material für das heimische Training verlangten, bis der Test mit seinem fatalen Notenhammer folgte. Der eben noch willige Schüler reagierte frustriert. Der gesonderte Blick auf solide und unsichere Bereiche gelang nicht mehr. Erst nach intensivem Aufpäppeln durch Eltern und Lehrperson stellte sich zaghaft der alte Lernwille wieder ein. Aber schon bald stand der nächste Notentest an.

Ohne die Note hätte man denselben summativen[10] Test differenziert analysieren können. Im Portfolio würde man hinter die erreichten Ziele erfreut einen Haken setzen und sich Themen mit unzureichender Sicherheit zuwenden. Durch formative[11] Zwischentests könnte der Schüler seinen Lernfortschritt überprüfen, und wenn der Zeitpunkt als geeignet erscheint, die summative Testanlage wiederholen.

Starke Schüler (und zumeist nur die) werden durch Noten bestärkt und im günstigen Fall durch diese beflügelt. Gelegentlich bewirken regelmässig erzielte hohe Noten auch eine gefährliche Korrumpierung der Leistungsbereitschaft in dem Sinn, dass dem starken Schüler auch mässiger Einsatz für gute Resultat reicht.

Der schwache Schüler wird aber immer wieder Frustrationen einfahren, sich stets von Neuem aufrappeln müssen und irgendwann kapitulieren, weil auch grosser Einsatz nicht für gute Noten reicht.

Ein Portfolio hält aber für beide den Leistungshorizont in individuell geeigneter Weise offen. Während der starke Schüler sein Lernfeld erweitert und vertieft, stärkt der schwächere seine Basiskompetenz. Beide arbeiten an Zielen, die sie erreichen können, und beide haben Ziele. Keiner wird ziellos, weil alle summativen Grenzen längst erreicht sind oder eben in frustrierend weiter Ferne liegen.

[10/11] Summative Tests vergleichen mit dem Lernziel und haben oft einen abschliessenden Charakter (Habe ich das Lernziel erreicht?). Formative Tests ermitteln den Stand im Lernprozess und beeinflussen diesen unmittelbar (Wo stehe ich im Prozess?).

Ich bin der Meinung, dass Noten als Beurteilungsinstrument längst ersetzt werden müssten. Die Zeit ist aber noch lange nicht reif dafür. Der Abschaffung stellen sich Befürchtungen der Gesellschaft wie der Fachwelt entgegen. Die Öffentlichkeit fürchtet sich vor Leistungs- und Regulationsabbau und die Bildungswelt vor gewaltiger Mehrarbeit, vor Rechtfertigungsdruck und Übersichtsverlust.

Diese Probleme sind aber nicht auf der Seite des Schülers zu verorten, sondern auf der des Systems.

Auch in dieser Frage soll gelten: Das System soll sich um des Schülers Willen verbiegen und nicht umgekehrt.

Neue Strukturen

Scheinhomogenität

Aus meiner Sicht sind also Noten ein Auslaufmodell. Vielleicht ist es sogar die Schulstruktur mit altershomogenen Klassen insgesamt (siehe Artikel «Schuljahr und Lernjahr»). Das aktuelle Strukturmodell geht davon aus, dass Gleichaltrige in etwa gleich sind. Studien haben aber ergeben, dass die reifebedingte Heterogenität bei Siebenjährigen durchschnittlich drei Jahre, bei Dreizehnjährigen durchschnittlich sechs Jahre beträgt. Beeinflusst wird die Reifung von Anfang an durch körperliche, intellektuelle, emotionale Individualmerkmale, durch das Geschlecht, durch Persönlichkeitsmerkmale, Temperament, Herkunft, Familienstruktur, Geschwisterfolge, Bildungsfreundlichkeit des Milieus und vieles mehr.

Natürlich gibt es in einer Gleichaltrigengruppe viel Gemeinsames und Verbindendes, aber wir müssen uns vor der trügerischen Illusion von Homogenität hüten und uns bewusst sein, dass es ausser dem Alter noch viele Kriterien gäbe, die schul- und förderrelevant wären. Dieser Gedanke soll auch Türen öffnen für allfällig neue Modelle, die nicht ausschliesslich der Altershomogenität, sondern anderen Gemeinsamkeiten Rechnung tragen.

Theorie und Praxis

In unserer Gesellschaft geniessen sowohl der theorieselige Fachidiot als auch der stumpf ausführende Simpel ohne Fachwissen und Vernetzung eine tiefe Wertschätzung. Handlungs- und Erklärungskompetenzen sind gleichermassen wichtig und werden bei Fachleuten selbstverständlich vorausgesetzt, egal ob sie eine Darmspiegelung vornehmen oder Solarpanele montieren.

Unsere Bildung soll also beides gleich stark gewichten. Viele Pädagogen der Volksschule bemühen sich in ihrem Schulalltag um eine enge Verzahnung von Theorie und Praxis, indem sie dem persönlichen Erleben wie dem Begreifen der Zusammenhänge Platz bieten. Es gibt aber immer noch zu viele Lehrpersonen, die Faktenwissen vor individuelles Erfahren und vernetzendes Begreifen stellen.

Wir haben in der Schweiz in Form des dualen Berufsbildungskonzeptes ein Vorzeigemodell bezüglich Verzahnung von Theorie und Praxis.

Es gibt viele Parameter, die für die Qualität dieses Modells sprechen. Handwerkliche Berufe werden durch das Gespann von praktischer und schulischer Ausbildung gestärkt – dies nicht nur fachlich, sondern auch in ihrer gesellschaftlichen Wertung: Die Ausbildung unserer Handwerker geniesst hierzulande einen sehr guten Ruf, weshalb auch die meisten Jugendlichen in der Schweiz eine Lehre absolvieren.

Im Vergleich zu den hohen Werten der meisten EU-Länder fällt die schweizerische Gymnasialquote eher mager aus, was uns von der OECD schon mal eine Rüge eingebracht hat. Demgegenüber könnten die Jugendarbeitslosenzahlen aber durchaus für unser Modell sprechen, heben sich unsere 3.4 % [12] doch erheblich von den beispielsweise erschreckenden 48.8 % [13] für Spanien ab. Selbst Deutschland, der EU-Musterschüler hierbei, liegt mit Zahlen von 7 % [14] im Bereich des Doppelten.

Weil unser Bildungskonzept verschiedene Weiterbildungen und Spezialisierungen erlaubt, dann aber auch mit der Möglichkeit der Berufsmaturität und anschliessenden Fachstudien den akademischen Anschluss offenlässt, ist die Chance sehr gross, in ein Berufsumfeld zu gelangen, wo man sich fähig und wirksam fühlen kann.

Damit ist auch der Idee der Chancengleichheit in hohem Mass Genüge getan. Chancengleichheit heisst nämlich nicht, dass alle gleich weit kommen, sondern dass möglichst alle soweit kommen, wie es ihre individuellen Fähigkeiten erlauben und die innere Bestimmung wünscht.

Das alles würde aber bedeuten, dass wir unsere qualitative Priorisierung eines gymnasial-akademischen Berufswegs gegenüber einer praktischen Berufsbildung hinterfragen, zugunsten eines Zielkonzepts, das junge Leute nicht möglichst weit oben (was heisst schon «oben»?), sondern möglichst am richtigen Ort sehen will.

---

[12]   Quelle: Staatssekretariat für Wirtschaft SECO
[13/14] Quelle: Eurostat, OECD

Und dieses Denken soll nicht erst einsetzen, wenn der Berufsentscheid ansteht, sondern bereits zu Beginn des Bildungsweges unserer Kinder.

Der schiefe Turm von Pisa

Die Bildungsparameter eines Landes sind längst nicht mehr gleichsam Privatsache. Sie sind im Gegenteil einer internationalen Konkurrenzdebatte ausgesetzt, die zumeist auf der Basis von Quoten und Vergleichsdaten eine Rangliste zu erstellen versucht. Dabei erhalten elitäre Qualitäten wie beispielsweise die Maturitätsquote eine höhere Wertung als etwa die Breite und Durchlässigkeit eines Bildungssystems oder die Beschäftigtenquote nach vollendeter Ausbildung.

Diese Sichtweise geht auf den amerikanischen Soziologen Daniel Bell zurück, der in den Siebzigerjahren des letzten Jahrhunderts mit dem Begriff der «post industrial society» intelligenz- beziehungsweise wissenschaftsbasierte über handwerkliche Dienstleistungen stellte.

Diesem Weltbild entsprungen ist im Wesentlichen auch die PISA-Studie. In einer Momentaufnahme am Ende der Sekundarstufe I (in der Schweiz am Ende der Volksschule) werden eng begrenzte Bereiche aus lediglich drei Fächern getestet (Lesekompetenz, mathematische Kompetenz und naturwissenschaftliche Grundbildung). Beispielsweise zählt im muttersprachlichen Kompetenzfeld also nur das Leseverstehen. Schriftliche und mündliche Ausdrucksfähigkeit, Auftrittskompetenzen, Wortschatz, grammatische und orthografische Kompetenzen und andere Aspekte fehlen in der Messung.

Ebenso bleibt die Unterschiedlichkeit der Systeme unbeachtet. So zielt das Schweizer Schulsystem stärker auf eine möglichst breite Autonomitäts-Entwicklung ab als dies etwa in vielen asiatischen Systemen der Fall ist.

Zudem ist der PISA-Test eine einmalige Messung und keine Langzeitstudie, die Schlüsse über die Förderqualität des Systems zuliesse. Unbeachtet bleibt ausserdem die Frage, was die Lernenden mit ihren Kompetenzen nach der Volksschule anstellen können.

PISA wäre als ein Qualitätsindikator unter vielen im internen Diskurs von Bildungsfachleuten kaum gefährlich. Seit der ersten Studie im Jahr 2000 hat PISA aber eine Boulevardisierung erfahren, die sie auf die Hypewerte von Weltmeisterschaften oder Katastrophen hebt. In der breiten Öffentlichkeit fehlt eine achtsam relativierende Einordnung der Testwerte meist gänzlich. Schlimm daran ist, dass die Politik ähnlich tickt und versucht, Schulreformen auf der Basis der PISA-Werte zu bauen. Kein Wunder, dass auf dermassen schmalem Fundament errichtete Reformtürme in Schieflage geraten!

Frühe Einschulung

Lange hielt sich der Glaube, dass eine frühe Beschulung eine Leistungsverbesserung bewirke. Langsam gerät dieses Credo nicht nur bei Bildungsexperten, sondern auch bei vielen Eltern ins Wanken. Während früher manche Kindergärtnerin bremsend auf Mütter und (eher öfter) Väter einwirken musste, die ihr Kind unbedingt einschulen wollten, werden sie heute immer häufiger von rückstellungswilligen Eltern um argumentatorische und administrative Schützenhilfe gegen die Behörden gebeten.

Es ist unumstritten, dass die Zahl jener Kinder, die dank eines fördernden Reizklimas im familiären Umfeld zu einem früheren Zeitpunkt umfängliche oder teilweise Schulreife erreichen[15]. Unter dem Aspekt einer personenzentrierten Sichtweise bin ich der Meinung, dass umfänglich schulbereiten Kindern der Schuleintritt möglich sein soll. Genauso sollen aber auch entwicklungs«normale» und entwicklungsverzögerte Kinder ihrem Reifegrad entsprechend später eingeschult werden dürfen. Der aktuell geltende Altersautomatismus ist aus meiner Sicht ein grosser Fehler, der nicht nur Ärger oder gar Leid in Kinder- und Elternleben bringt, er generiert auch einen kostspieligen Therapiedruck, der mit einer flexiblen, reifeabhängigen Einschulung obsolet wäre. Ich habe in den letzten Jahren in jeder meiner Unterstufenklassen ein oder mehrere Kinder gegen ihre Veranlagung (und auch gegen mein pädagogisches Gewissen) von Amtes wegen durch die Schulmaschinerie pressen müssen im Wissen darum, dass die meisten von ihnen ein Jahr später entspannt den Ansprüchen genügt hätten.

---

[15] Aktives vorschulisches Pushen der Kinder (beispielsweise in ihrer Lese- oder Rechenkompetenz) gelingt nur sehr selten. Abhängig von ihren «sensiblen Phasen» (nach Jean Piaget) lernen kleine Kinder nur, was sie aktuell interessiert. Die Lehrarbeit der Eltern gereicht dann allzu oft nicht zu einem Lernerfolg, sondern zu einer kontraproduktiven Lernverweigerung. Eltern mit hochbegabten Kindern sehen sich oft mit dem Vorwurf konfrontiert, ihre Kinder vorschulisch aus Geltungsdrang forciert gefördert zu haben. In den allermeisten Fällen ist dieser Anschuldigung aus obengenannten Gründen verfehlt.

Einmal mehr scheut sich das System vor einer pädagogisch notwendigen Flexibilität und verlangt sie stattdessen von den Kindern. Es ist auch nicht so, dass für eine solche Systemdynamik neue Instrumente oder Institutionen nötig wären. Schon jetzt werden in vergleichbaren Fällen Fachteams gebildet, in denen alle mit dem Kind beschäftigten Kräfte Einsitz nehmen und über nächste Schritte befinden.

Befeuert wird die verbreitete Kritik an der tendenziell zu frühen Einschulung von einer breit angelegten Studie aus den USA aus dem Jahr 2017. Da wurden Kinder der Geburtsmonate August und September (Einschulungsgrenze August) untersucht. Die in der Klasse älteren Septemberkinder waren bei gleichwertiger Intelligenz signifikant erfolgreicher als die vergleichsweise jungen Augustkinder. Diese Erfolgsdiskrepanz ist, so die Studie, erstaunlicherweise auch Jahre danach noch klar sichtbar.
Eine andere Studie aus England bestätigt die Ergebnisse. Ausserdem bewies diese, dass jung eingeschulte Kinder von Lehrpersonen tendenziell schlechter eingeschätzt und von Mitschülern auffällig häufiger gemobbt werden. Zudem stellten die Forscher bei diesen Kindern fest, dass sie über eine schlechtere Selbstattribution verfügen und (sehr bedenkenswert, wie ich meine) sich in der Schule öfter unglücklich fühlen.

Einmal mehr müsste der Grundsatz gelten: Die Schule soll sich um des Kindes willen verbiegen und nicht umgekehrt.

Neue Lehrpläne

Die Schweiz befindet sich aktuell (2018) in der Einführungsphase des neuen Lehrplans 21. Dieser geht von wichtigen neuen Grundsätzen aus.
Zum einen betont er, dass Lernen weit über Faktenwissen und Einzelkompetenzen hinaus eine vernetzungsfähige, nachhaltige Anwendungskompetenz anstreben soll.
Zum anderen wird neben den alten Kernaspekten «Wissen und Können» auch dem «Wollen» angemessen Rechnung getragen.

Die Einführung von neuen Inhalten ist vergleichsweise leicht, die Einführung neuer Haltungen dagegen ist äusserst anspruchsvoll. Haltungen kann man nicht referieren, sie lassen sich nur durch stetes Einwirken vertiefen. Sicher wird es viele Lehrpersonen geben, bei denen der Samen des Neuen sofort keimt, weil sie persönlich schon im neuen Geist unterwegs sind. Bei jenen in alten, tradierten Mustern definierten Lehrenden müsste ein stetes Wirken über Jahre vorhanden sein, um sie für die neuen Sichtweisen nicht nur intellektuell, sondern auch emotional zu gewinnen. Dafür müsste man ihnen auch helfen, Ängste über Bord zu werfen und alte Glaubenssätze zu hinterfragen. Das ist sehr aufwändig. Es ist zweifelhaft, ob der neue Geist in den meisten Schulzimmern ankommt, bevor wieder ein neuer Lehrplan entwickelt wird.

Ein weiterer Störenfried für einen klaren Paradigmenwechsel ist in der Haltung der ausserschulischen Öffentlichkeit und der Politik zu suchen. Der Lehrplan 21 geht von Konzepten der Lernkontrolle und -begleitung (formativ und summativ) aus, die auf die Verwendung von Noten und Notenzeugnissen verzichten könnten. Zudem würde er durchaus flexible Modelle jenseits einer zwingenden Altershomogenität erlauben. Die Zeit ist aber zumindest auf der politischen Ebene für mutige Neukonzepte unserer Volksschule noch nicht reif. Auch nachfolgende Bildungsinstitutionen stehen solchen kapitalen Richtungswechseln in aller Regel skeptische gegenüber.

So wird sicher ein Teil des neuen Geistes in unserer Volksschule ankommen, aber wohl eben nur ein Teil.

Politik als Weichensteller

Haben Sie schon einmal über Normmasse in der metallverarbeitenden Industrie abgestimmt oder würden Sie in einer Arbeitsgruppe mit diesem Auftrag Einsitz nehmen? Oder fühlen Sie sich in der Lage, über Medikamentenzulassungen zu befinden?
Sie werden das verneinen mit der Begründung, keine Fachperson zu sein und die Auswirkungen eines Fehlentscheids folglich auch nicht verantworten zu können.

In Schulfragen passiert das aber täglich. Politiker oder Bürger ohne jede Fachausbildung oder Berufserfahrung entscheiden über Fachfragen der Bildung. Weil alle einmal zur Schule gingen, halten sich alle für kompetent. Als Schüler war man damals nur ein Nutzer, aber kein Kenner des Systems Schule.
Genau den gleichen Status habe ich als Nutzer von Metallobjekten und als Konsu-

ment von Medikamenten. Kenntnisfrei werde ich als Erwachsener sowohl metall-
urgisch wie medizinisch nicht sein. Aber macht mich der Gebrauch und das bisschen
Umgangswissen auch zum Fachmann, der Entscheide getrost verantworten kann?
Wohl kaum!

Schulische Richtungsentscheidungen müssten dringend hinaus aus der «Laien-
schlaufe». Entscheide müssten auf der Basis professioneller Abwägungen und nicht
entlang politischen Kalküls gefällt werden. Ich bin mir sowohl der schieren Unmög-
lichkeit als auch der hohen Dringlichkeit dieser Forderung bewusst.

Nicht nur die oben erwähnte grosse Paradigmendifferenz zwischen natürlichem
Lernen und schulischer Struktur, sondern auch die oft sehr heterogene oder bisweilen sogar divergente Reformpolitik ist eine Frucht dieses Missstandes. Die Zeichen
der Zeit (siehe kantonale Abstimmungen über Lehrplan 21) zeigen leider auf Erhalt
desselben.

Förderparadigmen, neue Werte

Die grossen Reformen entziehen sich oft unserer Einflussnahme. Da stellen andere
die Weichen. Aber vielleicht geschehen mehr Zeichen und Wunder, wenn wir als
Lehrpersonen bei uns, unseren täglichen Handlungen und vor allem bei unseren
inneren Haltungen ansetzen, denn da haben wir den vollen Zugriff. Da sind wir die
Weichensteller.
Neue Werte, neue Paradigmen prägen die Entwicklung unserer Schüler vielleicht
mehr als alle Reformen des Systems zusammen.

- Mehr Stärken entwickeln, als Schwächen kompensieren.
- Menschen lernen intensiv, wenn sie selber erklären – lernen durch lehren! Wichtig ist hierbei, dass nicht nur Starke den Schwächeren erklären, sondern gerade in
  altersdurchmischten Klassen auch einmal ein schwächeres Kind des oberen Jahr-
  gangs zur Hilfe für die Kleineren herangezogen wird. Indem es die Inhalte sei-
  nem «Schüler» zuliebe strukturieren muss, begreift es diese selber besser.
- Exemplarische, dafür gut vernetzte Kompetenzen sind wichtiger als eine grosse
  Fülle von isoliertem Teilwissen.
- «Fördern» ist nicht nur als Stützkonzept für Schwache gedacht, sondern als
  Grundhaltung gegenüber allen Lernenden.

- Oft liegt der Blick des Fördernden allzu starr auf dem Lerngegenstand. Häufig ist am Misslingen eine Problematik im Bereich der Metakompetenzen schuld. Ohne dass diese angegangen wird, ist ein Erfolg beim Zielinhalt erschwert.
- Die Grundstrategie des Fördernden soll sich stets am Weg der kleinen Schritte orientieren. Der Fokus aufs Endziel soll im Moment des Förderns eher in den Hintergrund treten.
- Fördern hat immer mit Fordern zu tun.
- Das Belohnen von Wohlverhalten hilft weiter als das Bestrafen von Delikten.
- Fördern ist auch immer Demut gegenüber der Grenze des Leistbaren.
- Beziehung kommt vor Erziehung.
- Erzieherischer Druck ist beim Fördern mehr im Sinn von Stütze, von Aufmunterung und Zuspruch oder bezogen auf Verfahren und Regeln sinnvoll. Im Sinne von «lern jetzt!» funktioniert Druck ähnlich schlecht wie «schlaf jetzt!».
- Der Fördernde muss oft mehr für ein fruchtbares Umfeld sorgen, induzieren, provozieren, coachen als planen, referieren, lenken.
- Fördern gipfelt in einem positiven Kreislauf: Kompetenzerfahrungen werden geschaffen > Selbstwirksamkeit und Selbstattribution werden optimiert > Leistungsbereitschaft und Lernfreude werden gesteigert > neue Kompetenzerfahrungen entstehen > …
- Jeder Lernfortschritt ist ein Grund zum Feiern, nicht nur die beste Leistung.

10 Gebote des Förderns

Meine 10 Gebote stammen weder vom Berg Sinai, noch erheben sie Anspruch auf Vollständigkeit oder Letztgültigkeit. Vielmehr sind sie der Ansatz für eine Permanent-Bastelarbeit, die nie fertig ist – in ihrer Reihenfolge und in ihrer Summe.

1   **Du sollst deinen Schüler mögen, dir aber der Grenzen von Nähe und Distanz stets bewusst sein.**

2   **Du sollst dein Mandat ernst nehmen, es aber mit grosser Heiterkeit versehen.**

3   **Du sollst dich einsetzen, du sollst dich nicht opfern.**

4   **Du sollst den Schüler ins Zentrum rücken, denn er ist wichtiger als du.**

5   **Du sollst wissen, wo die Grenzen deiner Förderung sind.**

6   **Du sollst täglich die kleinen Schritte wollen, aber die grossen kennen.**

7   **Du sollst den Lernenden teilhaben lassen an Rechten und Pflichten – sein Selbstvertrauen wächst aus deinem «Zutrauen».**

8   **Du sollst dich dem Schüler stets mehr verpflichtet fühlen als den Eltern und Behörden.**

9   **Du sollst eher Stärken fördern als Schwächen kompensieren wollen.**

10 **Du sollst Kinder unterrichten, nicht Fächer.**

Was man einem Kind beibringt,
kann es nicht mehr selber entdecken.
Aber nur das, was es selber entdeckt,
verbessert seine Fähigkeiten,
Probleme zu verstehen und zu lösen!

Jean Piaget,
Schweizer Psychologe

Präsenzdidaktik aus Sicht der Unterstufe

Artikel zum Buch «Agile Hochschuldidaktik» von Christof Arn,
Beltz Juventa 2016

Christof Arns Buch «Agile Hochschuldidaktik» richtet sich selbstredend vorerst an universitär Lehrende. Seine Vorstellung einer reaktiven, eben agilen Didaktik, die sich von der herkömmlichen Plandidaktik sehr weitreichend unterscheidet, ist aber ebenso für andere Stufen des Bildungssystems, ja für das Fördern schlechthin relevant. Bei meinen Hospitationen in verschiedenen Förderinstitutionen und -diensten fand ich diese Sichtweise sehr einhellig bestätigt, derweil sie in den öffentlichen Bildungsinstitutionen noch wenig Vertrauen und deshalb wohl wenig Nachahmung geniesst.

Ich hatte die Gelegenheit, einen Vorabdruck des Buches zu studieren und den präsenzdidaktischen Ansatz von Arn aus Unterstufensicht zu interpretieren.

Lehrerzentrierung – Schülerzentrierung – Lehr/Lern-Kosmos

In meiner Ausbildung in den 80er-Jahren war unser Lehrhandwerk geprägt von Begriffen wie Motivation, Zeitmanagement, Material, Ziele, Teilziele. Es wurden komplexe Ablaufraster verfasst und auf deren Einhaltung peinlichst geachtet. Mein Lehrziel war erreicht, wenn mein «Schauspiel» programmgemäss zur Aufführung gelangte.

Hand aufs Herz: Hat sich die allgemeine Vorstellung guten Unterrichts in den Köpfen der Pädagogen von diesem Standard, der meine Ziele als Lehrender fokussiert und jene der Lernenden eher ausser Acht lässt, wirklich verabschiedet? Man hat in den letzten Jahren oft achtsam Aktivitäten von Schülern und Lehrern auszutarieren versucht. Neue Begriffe wie «Lernumgebung» wurden geprägt, die wohl durchaus über Sprengkraft verfügt hätten. Aber hat das wirklich zu einem Richtungswechsel geführt?

Christof Arns Buch geht die Sache anders an: Nicht primär an Methoden und Techniken wird geschraubt, vielmehr der *Haltung* der Lehrenden, aber auch (und das scheint mir äusserst wesentlich) jener der Lernenden wird besondere Beachtung geschenkt. Dieser Blickwechsel war für mein Wirken erklärend und eröffnend und für die Schritte, die ich schon aus eigenem Antrieb gegangen war, bestätigend.

Vor einigen Jahren kam ich in Kontakt mit den Arbeitsplänen (www.arbeitsplaene-mathematik.ch/) zum Lehrmittel «Zahlenbuch» vom Klett-Verlag. Mit diesen Plänen bearbeiten die Kinder die Themen des Lehrmittels in individuellem Tempo und individueller Vertiefung. Das hat mein Lehren sukzessive und nachhaltig verändert. Ich unterrichte die Kinder insbesondere in Mathematik nur noch anlässlich kleiner Input- oder Trainingssequenzen als Gruppe. Sonst bearbeiten sie einzeln oder in Gruppen ihre aktuellen Themen und kommen mit Schwierigkeiten oder abgeschlossenen Teilarbeiten zu mir. Wir besprechen die Sicherheit des Gelernten, flechten vielleicht ein kleines spontanes Testchen ein und beschliessen das «Wie-weiter». Dieses Konzept verändert Vorbereitung und Unterricht drastisch:

- Nicht Motivation im herkömmlichen Sinn ist gefragt, sondern *Betroffenheit* beider (Lehrende/Lernende). Die klassische Motivationsfrage von früher «Hat das Kind Spass an der Arbeit?» entfällt zu Gunsten des Gedankens auf beiden Seiten «Ist das voll mein Ding, was da läuft? Geht es mich was an?»

- Disziplinieren in diesem Umfeld kriegt eine neue Terminologie. Ein Kind, dass nicht in die Arbeit findet, träumt oder Blödsinn macht, fordere ich auf: «Komm mal zu mir und zeig mir, wo du dran bist». Dann stellen *wir* vielleicht eine Über- oder Unterforderung, eine Sorge, die eben bewegt, oder sonst einen Störfaktor fest. Gemeinsam und vor allem mit positiver Einstellung versuchen wir in die Arbeit zurückzufinden. Das Kind kann seinen Einfluss auf seine Gefühlswelt spüren und Vertrauen in seine Kräfte aufbauen. Die noch am Anfang der Entwicklung stehende Selbststeuerung wird verbessert. *Beide* wollen vorwärtskommen. Einbahndisziplinierungen (Lehrer > Schüler) sind meist obsolet, weil man sich in diesem Lehr/Lern-Kosmos idealerweise in einer *Willenskongruenz* befindet.

- Das tägliche Training steht in enger Verbindung mit dem Einschätzungsakt des Kindes «Brauche ich eine Erklärung, ein Training, einen Tipp zu diesem Inhalt?». Es darf ein laufendes Training auch verlassen und sich seiner Planarbeit zuwenden, wenn es sich sicher fühlt. Das Kind übernimmt einen Teil der *Coaching-*

Verantwortung. Gelegentlich wünscht ein Kind ein gezieltes Training, ein Übungsspiel, ein Hilfsmittel. Viele melden unaufgefordert, wo sie Sicherheit verspüren und wo nicht.

- Das Lernen jedes Kindes ist im Grundsatz *öffentlich.* Man weiss voneinander, wer in welchem Bereich stark ist, wer wo Probleme hat – selbstredend sind auch meine Stärken, Schwächen und Lernprozesse öffentlich.
  Nur so ist es möglich, dass ein Kind in die Startrunde fragt, ob jemand mit ihm «Zehnerauffüllen» üben würde. Oder eine Schülerin, die sich in den Zahlenreihen sicher fühlt, bietet eine Trainingssequenz an.
  Da beginnen sich die Standardstrukturen aufzulösen. Plötzlich bin ich der Beobachter, plötzlich übernimmt ein Kind administrative Verantwortung, plötzlich zeigt mir ein Kind einen Trick. Wir alle sind Wissende und Könnende. Wir alle haben eine begrenzte Perfektion, wir alle sind unterwegs.

Kontrollverlust, Zeitmangel, Chaos und andere Ängste

Kontrollverlust: Oft höre ich als Argument gegen Formen agiler Didaktik, dass man als Lehrender unbedingt die Kontrolle behalten wolle. Ich behaupte, dass ich im Gegensatz zu den alten Mustern jetzt sehr viel genauer weiss, wo jedes Kind steht. Ich kann zudem sehr viel angepasster unterrichten: Schülerin A muss sich keine Einführung anhören zu einem Inhalt, den sie eh schon sicher kennt. Schüler B übt genau, was er braucht, vielleicht statt rechnen eher konzentriert arbeiten, dranbleiben oder Ordnung halten. Oft habe ich früher am Ende eines Themas einen Leistungstest gemacht. Schüler B hat da vielleicht schlecht abgeschnitten, worauf ich mit ihm die Rechnungen nochmals übte. Jetzt merke ich ziemlich bald, dass er nicht eigentlich im Rechnen schwächelt, sondern im Bereich der Selbststeuerung.

Zeitmangel: Mein Mathematikunterricht erfordert kaum eine klassische Vorbereitung mit Teilschritten und Teilzielen. Das spart enorm Zeit. Diese wird frei für die Suche nach Herausforderungen für Schülerin A und Konzentrationsspielen für Schüler B.

Chaos: Seit einigen Jahren unterrichten wir am Schulort flächendenkend in Zweijahrgangs-Klassen. Ohnehin machen also Erst- und Zweitklässler nicht das Gleiche.

Da liegt der Entschluss nahe, das Lerngeschehen weitgehend zu individualisieren: Jedes Kind ist bestmöglich an seiner persönlichen Lernfront tätig. Ich sehe jedes Kind bei seinem täglichen Üben und Forschen. Das ergibt Übersichtlichkeit auf einer ganz anderen Ebene. Täuschen wir uns nicht: Wir meinen oft mit unserer minutiösen Unterrichtsstrukturierung und subtilen Zielfokussierung alles abzudecken, was das Kind braucht. Aber ist die vermeintliche (!) Sicherheit nicht vielmehr bei mir als Lehrendem (ich unterrichte alles, was ich weiss) und nicht beim Lernenden (ich lerne alles, was ich kann)?

Und ausserdem: Wie lernt das Kind Fahrrad fahren, staubsaugen, den Computer zu starten – sicher nicht mit durchstrukturierter Plandidaktik. Wieso soll ein System, das sich im Alltag bewährt, in der Schule falsch sein?

Neue Bilder und Altbewährtes

- Nach wie vor geläufig und auch unbestritten ist die Idee des *entdeckenden Lernens*. Und was ist mit unserem Entdecken? Ich mache mich täglich auf zu einem *entdeckenden Lehren*.

- Ich sehe das Kind als Fachperson für sein Begreifen und Nichtbegreifen, für Klarheit und Unklarheit, für Interesse und Desinteresse, für sein Fühlen, für seine ganze «Fühlgeschichte».
  Mich, den Lehrenden, sehe ich als Fachperson für Strategien und Lerninstrumente, für Tricks und Techniken, für Spiele und Materialien. Weniger das inhaltliche Kompetenzgefälle steht im Vordergrund, sondern mein Mehr an Prozesswissen fliesst gewinnbringend in die gemeinsame Lehr/Lern-Arbeit ein.

- Frei nach Piaget versuche ich so oft wie möglich das Kind selber entdecken zu lassen, bemühe mich ein dafür günstiges Klima zu schaffen, frage eher nach Heuristiken oder Tricks als nach Resultaten.

- Aber bei aller Aufbruchsseligkeit: Das Bild des Führenden ist für mich keineswegs tot. Im Umgang mit Regeln und Vereinbarungen, mit Umgangsformen, Rücksichtnahmen und ähnlichem habe ich als Lehrer nach wie vor eine klare Führungsrolle inne. Ebenso liegt eingedenk der Reife meiner kleinen Schüler die Verantwortung für die Prozessübersicht voll bei mir.
  Ebenso bleiben frontale, lehrerzentrierte, auf die Gruppe bezogene Formen aktuell.

Beispielsweise können durch Unterrichtsgespräche im Kreis als Einstieg in neue Themen in den Köpfen der Kinder bunte Kulissen hochgezogen werden, in denen die neu zu entdeckenden Inhalte und Zusammenhänge agiert werden. Auch die heimelige Atmosphäre der Freitagsgeschichte (Vorlesen im Kreis) entsteht erst durch die Gruppe und die klare Richtung des Geschehens (Erzähler > Zuhörer).

Agile Didaktik – warum gerade bei kleinen Kindern

- Kinder im Vor- und Erstschulalter lieben es, mit Erwachsenen zu tun zu haben, je exklusiver, desto lieber. Mit dialogischer Didaktik auf Augenhöhe wird diesem Bedürfnis nachgelebt.

- Kleinere Kinder fühlen sich in der Gruppe oft wenig oder gar nicht angesprochen. Soll Lernen nachhaltig sein, ist aber volle geistige Präsenz unverzichtbar, und diese Präsenz wird durch Unterrichten Aug in Aug ausserordentlich verdichtet.

- Jeder fühlende Erwachsene weiss, (nicht erst seit Hatties Studie), dass Lernen (und Lehren) in einem Umfeld, das von Nähe und Vertrautheit geprägt ist, besser funktioniert. Natürlich ist die Beziehungsarbeit zwischen mir und der Gruppe wichtig, auch jene innerhalb der Gruppe. Aber letztlich lebt das Kind emotional von der Gewissheit, mein Lehrer hat mich gern.

- Die Konzentrationsspanne kleiner Kinder ist in aller Regel noch kurz, die Ausdauer ebenso. Auch die Selbständigkeit ist noch sehr im Werden, zumal der Entwicklungsstand in der Gruppe zuweilen enorm differiert. Es ist erstaunlich, wie hoch die Werte hierbei plötzlich hochschnellen können, wenn sich durch den persönlichen Kontakt eine starke intrinsische Motivationslage einstellt.

- Kleine Kinder sind noch nicht sehr bildungsgewohnt, das klassische, von Christof Arn so klar beschriebene Schülerverhalten, ist bei kleinen Kindern noch nicht sehr vertieft. Für den Rollenswitch sind sie noch durchaus offen. Gerne übernehmen sie auch neue Rollen.

- In diesem Zusammenhang soll auch erwähnt sein, dass in diesem Alter alles Statusgewinn verspricht, was mit Erwachsensein in Verbindung gebracht wird. Etwas zu können übt stets einen grossen Reiz aus. In diesem «Selber-gross-Modus» entwickeln kleine Kinder zuweilen enorme Kräfte, und lang verfolgte Ziele werden dann oft in geradezu atemberaubendem Tempo erreicht. Das Einbeziehen in die Lern- und Prozessverantwortung erzeugt genau dieses Gefühl.

- Nicht vergessen möchte ich in der Welt der agilen Didaktik *mein* emotionales Erleben. Früher habe ich mich als der Oberentertainer vor der Klasse oft einsam gefühlt. Gelegentlich empfand ich den Unterrichtsalltag primär als einen Kampf gegen Unaufmerksamkeit, Unterrichtsstörungen, Desinteresse und kindliche Verhalten, die meinem Vorhaben zuwiderliefen. Wie anders ist das oft im dialogischen Unterrichten: Seit meinen frühen Berufsjahren strebte ich nach dem Ideal, dem Kind auf Augenhöhe, nicht in Gleichheit, mehr in menschlicher Gleichwertigkeit zu begegnen, es in seinem Kindsein ernst zu nehmen, es nicht als ein Halbfertigprodukt der Bildungsindustrie zu sehen, sondern als ein Mensch, der unterwegs ist wie ich – im Sinne meines Leitsatzes:

Ein Kind ist nicht ein halber Erwachsener, sondern ein ganzes Kind.

Wir müssen die Kinder so nehmen,
wie sie sind.
Aber wir dürfen sie nicht so lassen.

frei nach Dithard von Rabenau,
deutscher Karikaturist

Im Originalcartoon Rabenaus meint eine Frau zur anderen:
«Wir müssen die Männer so nehmen, wie sie sind. Aber wir dürfen sie nicht so lassen.»

Literatur

Christof Arn
Agile Hochschuldidaktik
Beltz 2016

Armin Beeler
Wir helfen zu viel – Lernen lernen in
der Volksschule als Erziehung zur
Selbstständigkeit
Klett 1999

Fachstelle Bildung im Strafvollzug
Lehrplan Basisbildung im Strafvollzug
BiSt 2012

Fachstelle Bildung im Strafvollzug
Bildung im Strafvollzug 2014 –
Tätigkeitsbericht der Fachstelle BiSt
BiSt 2014

Hansheini Fontanive
Was Kinder und Jugendliche stark macht
Amt für Schuldienste Kanton Schwyz 2007

Remo Largo
Lernen geht anders – Bildung und
Erziehung vom Kind her denken
Piper 2014

Luzerner Kantonspital – Kinderspital
Leitbild Patientenschule
2015

Jürgen Oelkers
Der Wert der gymnasialen Bildung
Vortrag an der Kantonsschule Limmattal
am 13. Januar 2016

Marlis Pörtner
Ernstnehmen – Zutrauen – Verstehen –
Personenzentrierte Haltung im Umgang
mit geistig behinderten und pflege-
bedürftigen Menschen
Klett-Cotta 1996

Henrik Stammermann
Lehren sichtbar machen – Lernkultur
gestalten – Lernarrangements entwickeln
Beltz 2014

Danke ...

... vorab dem Rektor der Gemeindeschule Schwyz, Paul Stalder, und meinem Ortsschulleiter, Beat Ehrler, dass sie sich für meine dreimonatige Intensiv-Weiterbildung im Jahr 2016 stark gemacht haben, in der dieses Buch mehrheitlich entstand.

... meinen Freunden Barbara Engweiler und Thomas Fähndrich für das sorgfältige Lektorat aus pädagogischer beziehungsweise germanistischer Sicht.

... den beiden hochkompetenten Frauen Carole Enz und Michèle Combaz Thyssen von Sistabooks für ihr Verlagslektorat und -korrektorat.

... dem Grafikteam Deborah Ischer und Theo Klingele von creadrom für das wunderschöne Buchdesign.

... last but not least meiner Frau Cristina Marugg für ihr Mitdenken und ihr stets offenes Ohr.

Thomi Eichhorn